武当内家散手

李爱琴　著

北京体育大学出版社

策划编辑：吴海燕　王泓滢

责任编辑：王泓滢

责任校对：陈　颖

版式设计：高文函

图书在版编目（CIP）数据

武当内家散手 / 李爱琴著 . -- 北京 : 北京体育大
学出版社 , 2024. 8. -- ISBN 978-7-5644-4108-1

I. G852.4

中国国家版本馆 CIP 数据核字第 20244CJ481 号

武当内家散手
WUDANG NEIJIA SANSHOU

李爱琴　著

出版发行：北京体育大学出版社

地　　址：北京市海淀区农大南路 1 号院 2 号楼 2 层办公 B-212

邮　　编：100084

网　　址：http://cbs.bsu.edu.cn

发 行 部：010-62989320

邮 购 部：北京体育大学出版社读者服务部 010-62989432

印　　刷：北京昌联印刷有限公司

开　　本：710mm×1000mm　　　1/16

成品尺寸：170mm×240mm

印　　张：15.75

字　　数：192 千字

版　　次：2024 年 8 月第 1 版

印　　次：2024 年 8 月第 1 次印刷

定　　价：45.00 元

作者简介

李爱琴，中共党员；毕业于北京体育大学，硕士学位；现任教于河南体育学院。长期致力于跆拳道与武术的教学与学术研究，先后主持或参与省部级课题2项、厅级课题4项；发表论文16篇。

内容提要

　　武当内家散手，就是武当内家拳法的技击散招。"散"有拆解、精简、灵活等意思；"手"是俗称，即"招"的意思，所以武当内家散手又有武当拆手、武当裁手、武当白手、武当搏手、武当断手、武当交手、武当散道等叫法。

　　武当内家散手主要来自武当武术的拳法套路，武当武术的拳法套路连绵不断，动作众多，有利于武学传承与初学者入门，而武当散手专门用于实战，是从武当武术的拳法套路中将可以用于技击的技法拆解出来，为了便于应用，招招精练，一般两三动，最多三五动，故称"散手"，有"武当散手，内家精髓"之谓。

　　武当派属内家武术流派，此派注重内劲，柔化刚发，细腻多变；讲究以静制动，以柔克刚，后发制人。本书即选取武当诸派技法，取精用宏，按"踢、打、摔、拿"的顺序分类归总，献于同道共享。

　　踢。"手是两扇门,全凭腿踢人",踢法气势威猛,劲法刚烈,令敌难挡,并且可放长击远,招法丰富,是实战搏击的主要利器,是武当内家散手的秘传绝技。武当内家散手中的踢法以踢击敌方要害来区分,主要有三类,即下盘追魂腿、中盘追魂腿、上盘追魂腿。

　　打。"打"就是击打敌方身体，击伤敌方要害，其劲法明快，作用直接，犀利难防，主要指踢法之外的招法，与摔跌、擒拿也有所不同。在武当内家散手中，最为常见的打法就是"长手"，其反应灵敏，收放自如，速度快捷，变化多样，适合中距离发劲，是打法的要招，其中包含拳打、掌打、爪打。另外，还有短促突击、近身使用的"短打"，其中包含头打、肩打、肘打、膝打等。

　　摔。武当沾衣十八跌，乃内家秘传绝技。其巧劲十八
跌，跌法巧妙，并不与敌拼劲斗狠，而是以静制动，顺其
来势，乘势借力，借力使力，顺势发力，近身挤靠，将其
放倒。其猛劲十八跌，讲究大力跌敌，要求上下合劲，左
右齐击，联合加力，致敌倒地。

　　拿。武当大力擒拿手，在交手时专门攻击敌方关节，是内家武术之精髓，乃武当内家散手技击之所长，其招法别致，柔韧有力，动作曲折，细腻多变。能以柔克刚，以弱胜强。所谓"出手如使捆仙绳，任敌挣扎动不成""扣如钢钩黏如胶，缠如金丝敌难逃"，就是大力所到，立可将敌擒拿。

目　录

第一章　武当三盘追魂腿

第二章 武当神打长短法

第三章 武当沾衣十八跌

第四章 武当大力擒拿手

第一章
武当三盘追魂腿

　　"手是两扇门，全凭腿踢人"，踢法气势威猛，劲法刚烈，令敌难挡，并且可放长击远，招法丰富，是实战搏击的主要利器，是武当内家散手的秘传绝技。

　　武当内家散手中的踢法以踢击敌方要害来区分，主要有三类，即下盘追魂腿、中盘追魂腿、上盘追魂腿。

第一节　下盘追魂腿

踢击敌方下盘，叫作"下盘追魂腿"，以裆部以下为攻击目标，踢法低矮，隐蔽难测，可出奇制胜，快速克敌。

武当派惯用低腿，擅长暗劲，常把下盘追魂腿称为"玄阴追魂腿"，并把其视为本门绝技，自行勤练，秘不外传。有歌曰："武当玄阴追魂腿，明手快去暗腿踢。冷劲奇袭急连环，低矮难测有玄机。"

仙鹤寻虾

【实战举例】

1. 敌方右脚上步，右拳冲打我方脸部。我方撤步，右掌上挑，格挡敌方右臂，阻截敌方拳击。（图1-1）

2. 随即，我方右掌旋捋敌方右臂，左掌上托敌方右肘；同时，左脚向前横踏敌方右脚。（图1-2）

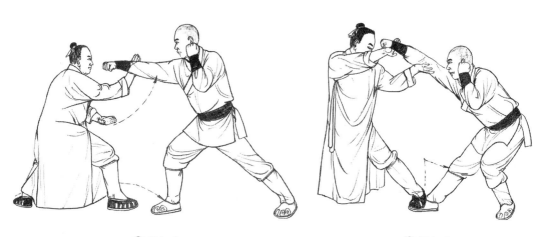

❀ 图1-1　　　　　　　　　　　❀ 图1-2

3. 动作不停，我方提起左脚，顺势跺踢敌方右膝，伤其关节。（图1-3）

⚑ 图1-3

门槛磕臁

【实战举例】

1. 敌方右脚上步，右拳冲击我方脸部。我方左掌上挑，格挡敌方右臂；同时，左脚向前蹬踢敌方右小腿，阻其前进，伤其前胫。（图1-4）

2. 随即，我方左脚落步，再起右脚蹬踢敌方左小腿。（图1-5）

3. 动作不停，我方右脚顺势下踩，伤敌左脚。（图1-6）

⊛ 图1-4

⊛ 图1-5

⊛ 图1-6

风卷碧波

【实战举例】

1. 敌方右脚上步，右拳横摆我方头部。我方沉身下避；同时，左脚前搓敌方右脚，致其疼痛失力。（图1-7）

2. 动作不停，我方向右转身，左脚后收落地，两手按地；同时，右腿后扫敌方左脚跟，致敌方失衡后翻。（图1-8）

❯❯ 图1-7

❯❯ 图1-8

四

仙驴尥蹶

【实战举例】

1. 敌方右脚上步，左拳冲击我方脸部。我方左掌上翻，格挡敌方左臂，化解敌方来招。（图1-9）

2. 随即，我方左脚摆步，左掌拨开敌方左臂；同时，右掌前穿，以右臂拦压敌方咽喉；右脚猛力勾踢敌方左脚跟，致敌方翻跌躺地。（图1-10）

◈ 图1-9

◈ 图1-10

3. 动作不停，我方右脚后收落地；同时，上体左转，左脚向左后撩，脚跟发力，踢击敌方左肋，将其制伏。（图1-11）

⚡ 图1-11

老道扫径

【实战举例】

五

1. 敌方左脚上步，左拳冲击我方脸部。我方向后滑步，避过敌方拳击；同时，右手上提，右臂向左格挡敌方左臂，化解敌方来招。（图1-12）

2. 随即，我方左手擒抓敌方左腕，右掌削击敌方咽喉；同时，右脚勾起敌方左腿，致其失衡欲倒。（图1-13）

3. 动作不停，我方稍向左转，右脚顺势踹踢，对准敌方右膝，伤其关节，致其歪倒。（图1-14）

❖ 图1-12

❖ 图1-13   ❖ 图1-14

马踏夕阳

【实战举例】

1. 敌方左脚上步，左拳冲击我方脸部。我方向后滑步避让；同时，左掌上提，格挡敌方左臂。（图1-15）

2. 随即，我方向左转身，右脚猛劲勾扫敌方左脚跟，把敌方踢倒在地。（图1-16）

❀ 图1-15

❀ 图1-16

3. 动作不停，我方右脚落步；同时，向右转身，提起左脚，踩踏敌方裆部，将其制伏。（图1–17）

⊗ 图1–17

七

乌风扫地

【实战举例】

1. 敌方左脚上步，右拳冲击我方脸部。我方滑步沉身，重心左移，仆步屈蹲，避过敌方拳击；同时，右腿顺势前扫，右脚踢击敌方左小腿。（图1–18）

2. 随即，我方右脚收落；同时，向左转身，左脚向后倒勾敌方左脚跟，使其左脚离地。（图1–19）

3. 动作不停，我方左脚收落，继续左转；同时，右脚勾扫敌方右踝，将敌方踢翻在地。（图1–20）

☆ 图1-18

☆ 图1-19

☆ 图1-20

斩草除根

【实战举例】

1. 敌方左脚上步，左拳冲击我方脸部。我方左脚向右绕步闪身，避过敌方拳击。（图1-21）

2. 随即，我方左脚外展，向左转身；同时，右脚向前勾挂敌方左腿，使其左脚离地。（图1-22）

⊛ 图1-21

⊛ 图1-22

3. 动作不停，我方右脚落步，左脚垫步，右脚再起，踩击敌方右小腿，致其受创而倒。（图1-23）

≫ 图1-23

刨根削蹄

【实战举例】

1. 敌方左脚上步，左拳冲击我方脸部。我方撤步，左手格挡敌方左臂，化解敌方来招。（图1-24）

2. 随即，我方右脚提起，下磕敌方左脚外踝，致其腿伤疼痛。（图1-25）

3. 动作不停，我方右脚向前跨落，左脚随之向前磕击敌方右脚内踝；同时，左掌前甩助劲，致敌方失衡前栽。（图1-26）

图1-24

图1-25

图1-26

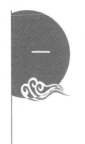

第二节　中盘追魂腿

踢击敌方中盘，叫作"中盘追魂腿"，以裆腹及肋部为攻击目标，收发便利，连环多变，踢法丰富。

青蛇搜裆

【实战举例】

1. 敌方右脚上步，右爪抓击我方脸部。我方两掌上挑，向右格挡敌方右腕及右肘；同时，左脚弹出，脚尖发力，伤敌裆部。（图1-27）

2. 随即，我方左脚收落；同时，右脚弹出，伤敌裆部。（图1-28）

❁ 图1-27

❁ 图1-28

3. 动作不停，我方身体稍向左转，右脚向内旋劲，探脚前踹，对准敌方裆部，脚底发力，将其制伏。（图1-29）

⊗ 图1-29

二

挑灯寻珠

【实战举例】

1. 敌方右脚上步，右拳冲击我方脸部。我方左脚闪步，向左偏身，避过敌方拳击。（图1-30）

2. 随即，我方右臂向右拨敌方右臂；同时，右脚弹出，突袭敌方裆部。（图1-31）

3. 动作不停，我方两手擒抓敌方右手，向下拉拽；同时，右脚一落即起，撩踢敌方裆部。此时，敌方右手被擒，很难逃脱。（图1-32）

❯ 图1-30

❯ 图1-31

❯ 图1-32

喜鹊蹬巢

【实战举例】

1. 敌方右脚上步，右拳冲击我方脸部。我方上体稍向后仰，闪开来拳；同时，左脚顺势蹬出，迎击敌方裆部，致其受伤难进。（图1-33）

2. 随即，我方左手外拦敌方右臂，左脚收落；同时，右脚蹬出，踢击敌方裆部。（图1-34）

❯ 图1-33

❯ 图1-34

3. 动作不停，我方稍向左转，右脚原位内转，脚跟发力，震击敌方腹部，致其受创跌出。（图1-35）

☆ 图1-35

白马献蹄

【实战举例】

1. 敌方右脚上步，右拳冲击我方脸部。我方向后滑步，向右转身，避过敌方拳击。（图1-36）

2. 随即，我方右脚垫步，左脚向后撩起，脚跟发力，踢击敌方裆部。（图1-37）

3. 动作不停，我方左脚落步；同时，向右转身，右脚撩踢，再击敌方裆部。（图1-38）

四

❯ 图1-36

❯ 图1-37　　　　　　　　　　　❯ 图1-38

蝎子卷尾

【实战举例】

1. 敌方突进，左脚弹踢我方裆部。我方收回左脚，丁步侧身，避过敌方腿击。（图1-39）

2. 随即，我方右脚垫步，左腿反撩，圈挑敌方左小腿，使敌方左腿上起，桩步失衡不稳。（图1-40）

❯ 图1-39

❯ 图1-40

3. 动作不停，我方左腿顺势伸膝，铲击敌方右大腿，致其受伤疼痛，向右侧跌倒。（图1-41）

⊗ 图1-41

青龙摆尾

【实战举例】

1. 敌方右脚上步，右拳冲击我方脸部。我方向右旋身，左脚盖步，避过敌方拳击。（图1-42）

2. 随即，我方继续右转，右脚顺势向后画弧发力，踹击敌方小腹。（图1-43）

3. 动作不停，我方右脚落步；同时，身体左转，左脚向左后方画弧发力，再踹击敌方小腹，将其制伏。（图1-44）

图1-42

图1-43   图1-44

回马夺宝

【实战举例】

1. 敌方右脚上步，右拳冲击我方脸部。我方向右旋身，左脚盖步，避过敌方拳击。（图1-45）

2. 随即，我方顺势反击，左腿后撩，左脚踢击敌方小腹。（图1-46）

❯❯ 图1-45

❯❯ 图1-46

3. 动作不停，我方左脚落步；同时，向左旋身，右脚弹踢，放长击远，伤敌裆部。（图1-47）

❰ 图1-47

猴儿扒竿

【实战举例】

1. 敌方右脚上步，右拳冲击我方脸部。我方撤步，避过敌方拳击；同时，右掌格挡敌方右臂，阻截敌方拳击。（图1-48）

2. 随即，我方右手旋抓敌方右腕向下拉拽，左臂夹压敌方右肘助力；同时，起左脚铲击敌方腹股沟，致其疼痛，将其擒拿。（图1-49）

3. 接着，我方左脚向左落步，右脚插步，向右转身；两手一直抓住敌方右腕不放。我方转过身后，左脚再撤一步，将敌扭转半周。（图1-50）

4. 动作不停，乘敌方身步散乱而茫然失措之际，我方两手拉拽敌方右腕；同时，向右旋身，左脚铲起，伤敌右肋。（图1-51）

⊗ 图1-48

⊗ 图1-49

❯ 图1-50

❯ 图1-51

九

长蛇卷尾

【实战举例】

1. 敌方右脚上步，右拳冲击我方脸部。我方左脚向外跨步闪身，避过敌方拳击。（图1-52）

2. 随即，我方右脚先上，两脚连续绕步，从敌方右侧绕至敌方身后。（图1-53）

》图1-52

》图1-53

3. 接着，我方右脚蹬起，对准敌方尾闾，脚跟发力震击，致其前仆。（图1-54）

4. 动作不停，我方右脚收落；同时，左脚猛劲前撩，重创敌方裆部。（图1-55）

❯ 图1-54

❯ 图1-55

第三节　上盘追魂腿

踢击敌方上盘，叫作"上盘追魂腿"，以胸部及头部为攻击目标，踢法强劲，铁脚追魂，当者披靡。

烈马回头

【实战举例】

1. 敌方右脚上步，右拳冲击我方脸部。我方收步沉身，避过敌方拳击。（图1-56）

2. 随即，我方顺势向右转身，右腿后摆，右脚踢向敌方胸部。敌方仰身，避过我方腿击。（图1-57）

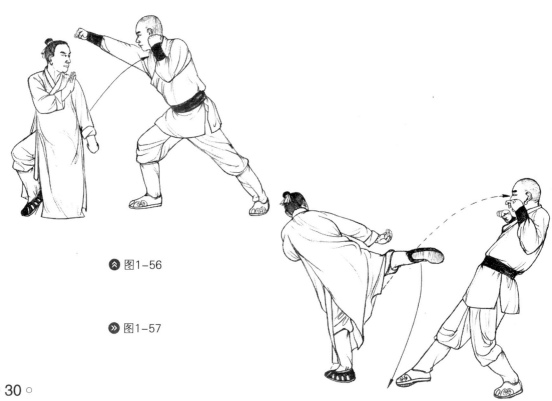

⊗ 图1-56

⊘ 图1-57

3. 动作不停，我方右脚落步，顺势向右旋身；左脚猛劲踢起，横扫敌方头部，致其受创昏晕。（图1-58）

⬆ 图1-58

玄武腾陆

【实战举例】

1. 敌方右脚上步，左拳冲击我方脸部。我方向后滑步避让；同时，左掌上起，格挡敌方左臂，阻截敌方拳击。（图1-59）

2. 随即，我方身向左拧，右腿猛劲内合，扫磕敌方头部。（图1-60）

3. 动作不停，我方右腿向左画弧下落，上体顺势左转；同时，左腿向后撩起，左脚摆踢敌方背脊，致其扑倒。（图1-61）

☆ 图1-59

☆ 图1-60

☆ 图1-61

神龙摆尾

【实战举例】

1. 敌方移步进身，猛起右腿高扫，右脚踢击我方头部。我方迅速撤步，缩身下避。（图1-62）

2. 随即，敌方右脚落步，左拳冲打我方头部。我方向左旋身，左脚绕步，蓄势待发。（图1-63）

❀ 图1-62

❀ 图1-63

3. 动作不停，我方继续向左转身拧腰，左腿猛劲向左后摆，脚跟对准敌方头部，大力横扫，将其制伏。（图1-64）

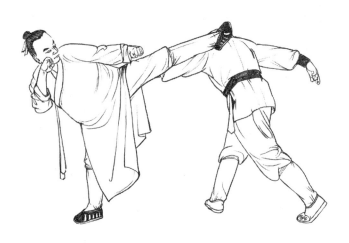

⚠ 图1-64

四

穿杨封喉

【实战举例】

1. 敌方右脚上步，右拳冲击我方脸部。我方向右旋身，左脚盖步，避过敌方拳击。（图1-65）

2. 随即，我方向左回身，左脚顺势蹬出，踢击敌方心窝。（图1-66）

3. 动作不停，我方左脚收落；同时，上体左转，右腿上铲，封敌咽喉，将其制伏。（图1-67）

毒箭穿喉

【实战举例】

1. 敌方向前移步，右脚蹬踢我方腹部。我方撤步，向左旋身，右腿屈膝提起，顶击敌方右腿，化解敌方来招。（图1-68）

2. 随即，我方右腿顺势前弹，脚尖发力，以点劲伤敌咽喉。（图1-69）

⌃ 图1-68

⌃ 图1-69

3. 动作不停，我方右脚收落，上体右旋，左腿再起，弹踢敌方咽喉。两次击喉，敌方必定难逃。（图1-70）

❂ 图1-70

白虎抖尾

【实战举例】

1. 敌方右脚上步，右拳冲击我方脸部。我方上体后仰，左脚顺势踹起，迎击敌方胸部，阻截敌方前进。（图1-71）

2. 随即，我方左脚收落；同时，向右转身，右腿向后摆踢，横击敌方右耳。（图1-72）

3. 动作不停，我方右脚下落；同时，向左转身，左腿向后摆踢，横击敌方左腮，将其击溃。（图1-73）

图1-71

图1-72

图1-73

雷火炼殿

【实战举例】

1. 我方抢攻，左脚上步，右脚勾踢敌方左腿。敌方急忙提左腿，避过我方腿击。（图1-74）

2. 随即，我方右脚借势，向左画弧上举，劈压敌方脸部。敌方退步，仰身避过。（图1-75）

⚹ 图1-74

⚹ 图1-75

3. 动作不停，我方右脚向前踏地落实，再起左腿向前劈压，高腿大力，伤敌难逃。（图1-76）

↑ 图1-76

龙纹鞭影

【实战举例】

1. 我方抢攻，右腿鞭踢，扫击敌方左膝，伤其关节，致其难动。（图1-77）

2. 随即，我方右脚落步；同时，向右旋身，左腿再起，鞭踢敌方右腋。（图1-78）

3. 动作不停，我方左脚收落；同时，向左旋身，右腿再起，鞭踢敌方头部。劲踢三鞭，将敌方制伏。（图1-79）

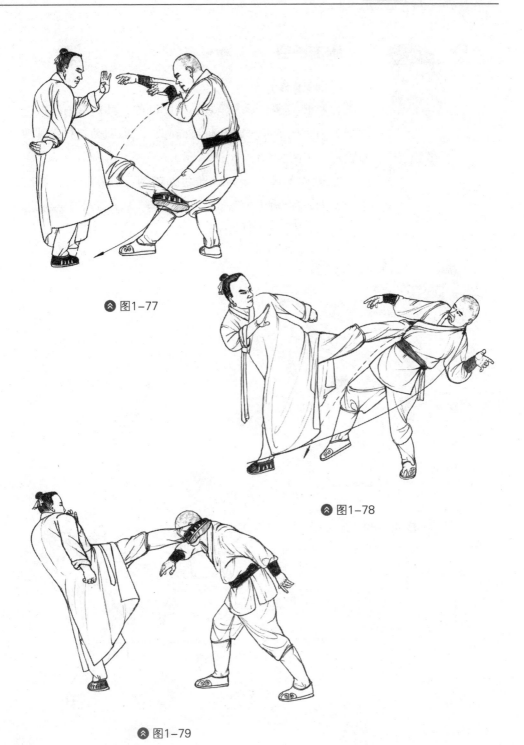

❮ 图1-77

❮ 图1-78

❮ 图1-79

鹰击长空

【实战举例】

1. 敌我突遇，我方抢攻，两腿助跑，冲向敌方。接近之际，右脚向前跨步蹬地腾身而起，左脚借劲飞起猛踹敌方脸部。（图1-80）

2. 动作不停，我方凭借左脚蹬劲，向左旋身，右脚空中发力，猛踹敌方胸部。凌空飞腿，居高临下，铁脚追魂，招到敌废。（图1-81）

⊛ 图1-80

⊛ 图1-81

第二章
武当神打
长短法

　　武术有谚曰"踢、打、摔、拿"。其中的"打"，就是击打敌方身体，击伤敌方要害，其劲法明快，作用直接，犀利难防，主要指踢法之外的招法，与摔跌、擒拿也有所不同。

　　俗话说"长手短打"，在武当内家散手中，最为常见的打法就是"长手"，其反应灵敏，收放自如，速度快捷，变化多样，适合中距离发劲，是打法的要招，其中包含拳打、掌打、爪打。另外，还有短促突击、近身使用的"短打"，其中包含头打、肩打、肘打、膝打等。

在临敌时，如能活学活用，混合运用，连环运用，忽近忽远，忽长忽短，打击敌方，防卫自身，自可立于不败之地。故谓之"神打"——武当神打，久练自化。熟极自神，莫测其神。

第一节　长手打

在武当内家散手中，长手打即打法之长手，包含拳打、掌打、爪打。

拳打时五指紧握，团聚如"锤"，硬性有力，杀伤力强，且不易伤指，劲法简洁，应用方便，是武当内家散手的惯用招法。本节一至九招为拳打。

掌打属梢节长劲，放长击远，灵活多变，可用劈法、砍法、切法、削法强攻，可用插法、戳法、刺法、甩法突击，是武当内家散手的重要招法。本节十至十八招为掌打。

爪打是一种特殊的手打方法，它使用爪法，但又与擒拿之时为了控制敌方的用爪不同，而是直接攻击敌方的眼睛、咽喉、裆部等特定的要害部位，如抠眼、锁喉、抓裆等，非常实用。本节十九至二十五招为爪打。

劈头盖脸

【实战举例】

1. 我方左脚上步，右拳冲打敌方脸部。敌方撤步，抬起左臂，架挡我方右臂。（图2-1）

2. 随即，我方左脚前移；同时，冲出左拳，拳面向前发力（拳心向下），击打敌方前胸。（图2-2）

图2-1　　　　　　　　　　　图2-2

3. 动作不停，我方右脚向前跨步，踏入敌方裆下；同时，右拳盖击敌方脸部，将其制伏。（图2-3）

△ 图2-3

二

灵官叩门

【实战举例】

1. 我方左脚上步；同时，左掌前穿（掌心向上），指尖发力，戳击敌方咽喉。（图2-4）

2. 随即，我方右掌下穿，插击敌方心窝。（图2-5）

3. 动作不停，我方右掌原位握拳，顺势寸劲前抖（拳眼向上），崩击敌方心窝，致其向后跌出。（图2-6）

图2-4

图2-5

图2-6

脑后摘盔

【实战举例】

1. 敌方左脚上步，左拳冲击我方脸部。我方撤步沉身，左掌旋转上挑，格挡敌方左臂，化解敌方来招。（图2-7）

2. 随即，我方左脚前移，右脚绕步，进身于敌方左后方；同时，向左转身，左掌外拨，右掌推按敌方后脑。（图2-8）

❯ 图2-7

❯ 图2-8

3. 动作不停，我方右掌原位握拳，顺势寸劲前抖，崩击敌方后脑，致其前仆。（图2-9）

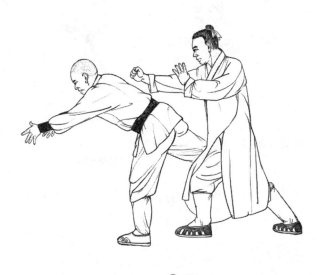

❮ 图2-9

抛篮扑蝶

【实战举例】

1. 敌方左脚上步，左拳冲击我方脸部。我方左掌上提，左臂格挡，拦敌左臂。（图2-10）

2. 随即，我方两脚向前滑步，左掌旋压敌方左臂；同时，右拳反背前砸，击打敌方脸部。（图2-11）

3. 动作不停，我方沉身下坐，右拳下旋抖甩，砸击敌方裆部，将其制伏。（图2-12）

四

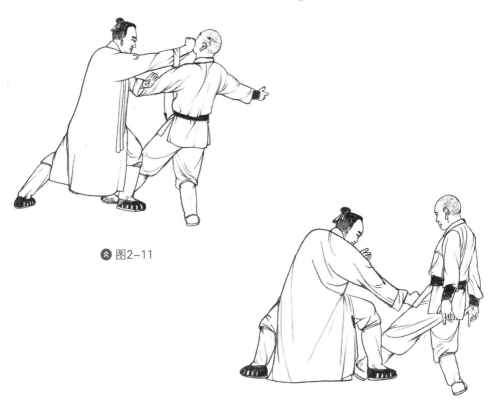

叶底插花

五

【实战举例】

1. 敌方右脚上步，左拳冲击我方脸部。我方左脚后撤，丁步沉身；同时，右掌向上，格挡敌方左臂，左掌下收，蓄势待发。（图2-13）

2. 随即，我方左脚向前滑步，弓步探身；同时，右掌下压敌方左臂，左掌反背甩出，向敌方面门打去。敌方急忙上抬左臂，格架我方左掌。（图2-14）

⚠ 图2-13

⚠ 图2-14

3. 动作不停，我方乘势右拳崩出，对准敌方左肋，致其受创瘫软。（图2-15）

⊗ 图2-15

六

风霜挟雷

【实战举例】

1. 敌方右脚上步，右拳冲击我方胸部。我方撤步避让；同时，右手使出反背拳，砸击敌方右肘，使其臂疼拳落。（图2-16）

2. 随即，我方右拳变爪，顺势擒抓敌方右前臂向后拽拉；同时，左脚上步，左腿后绊敌方右腿，左拳反背砸击敌方面门。（图2-17）

3. 接着，我方左臂下压敌方右臂，右爪握拳前崩，抖击敌方下颌。（图2-18）

4. 动作不停，我方收右拳，出左拳，沉身发力，击打敌方右肋，将其制伏。（图2-19）

❮ 图2-16　　　　　　　　　　❮ 图2-17

❮ 图2-18　　　　　　　　　　❮ 图2-19

提壶敬酒

【实战举例】

1. 敌方右脚上步，左拳冲击我方脸部。我方撤步，上身略仰，闪过敌方拳击；同时，右手向上拦挌敌方左腕。（图2-20）

2. 随即，我方右手乘机擒抓敌方左腕；同时，左脚稍向前移，左拳顺势前崩，伤其左肋。（图2-21）

>> 图2-20

>> 图2-21

3. 接着，我方左拳变掌，向左上方绕，按压敌方头顶；右手顺势下收。（图2-22）

4. 动作不停，我方右手握拳发劲，勾提敌方下颌，上下合力，将其制伏。（图2-23）

❮ 图2-22

❮ 图2-23

左右开弓

【实战举例】

1. 敌方左脚上步，左拳崩击我方脸部。我方向后滑步，避过敌方拳击，左手上翻，外格敌方左臂。（图2-24）

2. 随即，我方左手扒压敌方左臂；同时，左脚向前移步，右拳向前弧劲横击，伤敌方头部左侧。（图2-25）

» 图2-24

» 图2-25

3. 动作不停，我方上体右旋；同时，左手握拳向前弧劲横击，伤敌方头部右侧。（图2-26）

△ 图2-26

子牙挥鞭

【实战举例】

1. 敌方左脚上步，左拳崩击我方脸部。我方左脚稍撤，右臂内裹，格敌左臂，阻截敌方拳击。（图2-27）

2. 随即，我方见缝插针，右脚稍进，右拳下甩，抖劲震击，伤敌左肋。（图2-28）

3. 动作不停，我方两脚向前滑步；同时，右拳翻转，反背向上，挥击敌方脸部，致其跌倒。（图2-29）

❀图2-27

❀图2-28

❀图2-29

惊涛拍岸

【实战举例】

1. 我方右脚突然向前跨步，右手甩掌，弹击敌方裆部。敌方吞身收腹，避过我方掌击。（图2-30）

2. 随即，我方两脚向前滑步；同时，右掌弧劲上翻，掌背发力反甩，攻击敌方脸部。（图2-31）

❖ 图2-30

❖ 图2-31

3. 动作不停，我方右掌转腕下沉，掌根发力，对准敌方心窝，猛然抖震，致其内伤，当场瘫软。（图2-32）

⊗ 图2-32

百步穿杨

十一

【实战举例】

1. 敌方右脚上步，右拳冲击我方脸部。我方左脚向左闪步，避过敌方拳击。（图2-33）

2. 随即，我方右脚稍进；同时，右掌向前插出（掌心向下），掌尖戳击敌方左肋。（图2-34）

3. 动作不停，我方右掌后收；右脚稍进，右步侧弓，上体右旋；同时，左掌向前上方戳击敌方咽喉。（图2-35）

⤊ 图2-33

⤊ 图2-34

⤊ 图2-35

拦腰刀斩

【实战举例】

1. 我方抢攻，右脚向前跨步，右掌前穿，戳击敌方头部。敌方急忙招架，左臂屈肘格挡，化解我方右掌攻击。（图2-36）

2. 随即，我方左脚上步，左腿后绊敌方右腿；同时，左臂上穿，拦压敌方左臂，致其身歪欲倒，要害暴露。（图2-37）

◈ 图2-36

◈ 图2-37

3. 动作不停，我方右掌乘机发力，向下斜劈敌方左肋，掌到如刀至，将其制伏。（图2-38）

⊗ 图2-38

截脉屠龙

【实战举例】

1. 敌方右脚上步，右拳冲击我方脸部。我方略向后滑步，避过敌拳，向右旋身，左臂格挡敌方右臂，化解敌方来招。（图2-39）

2. 随即，我方左掌按压敌方右腕；同时，右掌猛劲砍击敌方右肘，致其疼痛难忍，整臂失力。（图2-40）

3. 接着，我方左脚稍进；右掌顺势上翻，向前斜劈敌方右颈。（图2-41）

4. 动作不停，我方右掌顺势收回；左掌紧跟而出，再劈敌方右颈，将其制伏。（图2-42）

⊗ 图2-39   ⊗ 图2-40

⊗ 图2-41

⊗ 图2-42

钟离挥扇

【实战举例】

1. 敌方右脚上步，右拳冲击我方脸部。我方撤步避敌，右掌向上格挡敌方右臂。（图2-43）

2. 随即，我方右手顺势抓提敌方右臂；同时，两脚向前滑步，左掌斜向前上方反甩而出，掌背发劲，如抽铁鞭，突袭敌方左腮。（图2-44）

十四

❖ 图2-43

❖ 图2-44

3. 动作不停，我方左掌向左按压敌方右臂；同时，右掌乘机向前扇击敌方左耳，或用劈掌伤其脖颈，将其击倒。（图2-45）

△ 图2-45

十五

双峰贯耳

【实战举例】

1. 敌方右脚上步，向下探身，两拳栽击我方腹部。我方撤步吞身，两掌向下拍震敌方两臂，化解敌方来招。（图2-46）

2. 随即，我方左脚向前跨步；同时，两掌向前夹击，伤敌两耳门。（图2-47）

3. 动作不停，我方两脚向后滑步，虚步沉身；同时，两掌夹抱敌方耳部，向前一搓，再向下一裹，将其制伏。（图2-48）

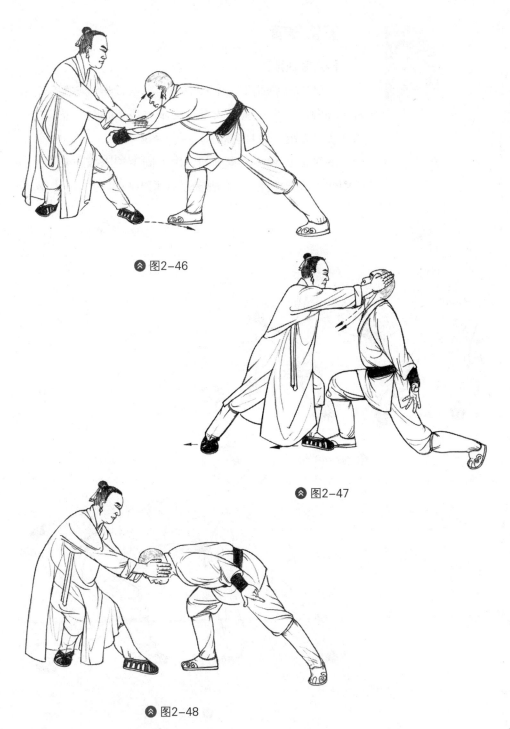

⚠ 图2-46

⚠ 图2-47

⚠ 图2-48

五雷轰顶

【实战举例】

1. 敌方左脚盖步，上身前探，右拳栽击我方腹部。我方两脚向后滑步，避过敌拳，虚步沉身；同时，左掌向下劈砍敌方右腕，致其疼痛失力。（图2-49）

2. 随即，我方右掌向前，由上向下拍震敌方头顶，五指扣劲，顺势按住，以防敌逃。（图2-50）

❀ 图2-49

❀ 图2-50

3. 动作不停，我方右手猛然伸指，掌根向下抖劲压震，致敌方倒地难起。此乃武当秘传，内家寸劲，沾衣发力，实难预测。（图2-51）

图2-51

海底捞月

【实战举例】

1. 敌方向前移步，右脚勾踢我方左小腿。我方左腿屈膝提起，避过敌方腿击。（图2-52）

2. 随即，我方左脚顺势向前踏落，左掌向前一抖，封敌眼睛，佯攻诱敌；同时，右掌掌背发力，向前甩击敌方裆部。（图2-53）

3. 动作不停，我方右掌原位外旋，掌根向前寸劲抖撞，对其裆部跟踪追击。（图2-54）

十七

☆ 图2-52

☆ 图2-53

☆ 图2-54

猛虎推山

十八

【实战举例】

1. 敌方右脚上步，两拳齐出，夹击我方耳门。我方两掌上挑，格挡敌方两臂，弓步用劲，稳实有力。（图2-55）

2. 随即，我方右脚向前跨步，踏入敌方裆下；同时，两掌旋劲，向敌方胸部猛推。敌方急忙撒手，仰身后避。（图2-56）

《图2-55

《图2-56

　　3. 动作不停，我方两脚向前滑步紧跟，不可任敌方逃脱；同时，两掌原位借势，再度抖推，击敌胸部。此招以掌双推，长短震劲，将敌方放出，使其远跌，乃内家掌法实战经典。（图2-57）

❯ 图2-57

十九

猫儿洗脸

【实战举例】

　　1. 敌方右脚上步，右拳崩击我方脸部。我方撤步；同时，右掌上挑，格挡敌方右臂，化解敌方来招。（图2-58）

　　2. 随即，我方右脚向前跨步；同时，左前臂贴着敌方右臂向下滚压，右掌顺势变爪前伸，抓击敌方眼睛。（图2-59）

　　3. 动作不停，我方右爪再将食指、中指伸直，直插敌方眼睛。此手杀伤太重，可致人失明，应当慎用。（图2-60）

图2-58

图2-59   图2-60

白虎掏腮

【实战举例】

1. 敌方右脚上步，左拳冲击我方脸部。我方向后滑步，避过敌方拳击，左掌上挑，格敌左臂。（图2-61）

2. 随即，我方左手向左扒压敌方左臂，致其上门空虚；同时，右脚上步，右腿后绊敌方右腿；右手前伸，拇指扣其左眼，余指扣敌下颌左侧。（图2-62）

» 图2-61

» 图2-62

3. 动作不停，我方右手扣紧，向左转身抖甩，左手握自己的右腕相助（也可扒敌头部），以合力致敌跌出。（图2-63）

❯ 图2-63

鹞鹰抓喉

【实战举例】

1. 敌方右脚上步，右拳冲击我方胸部。我方向后滑步，身体略右旋，右掌拦截敌方右拳面，左手粘贴敌方右上臂。（图2-64）

2. 随即，我方左手顺势捋压敌方右臂；右脚上步，右腿后绊敌方右腿；同时，右手乘机前伸，卡住敌方咽喉。（图2-65）

3. 动作不停，我方向左转身，两脚摆扣，右腿后挺；同时，右手卡住敌方咽喉向左后方推压，致其倒地就擒。（图2-66）

二十一

❯ 图2-64

❯ 图2-65

❯ 图2-66

金鹰抢骨

【实战举例】

1. 敌方左脚上步，右拳冲击我方脸部。我方向后滑步，避过敌方拳击，左掌上起，格挡敌方右臂。（图2-67）

2. 随即，我方左掌外压敌方右臂；同时，右脚上步，右腿后绊敌方左腿；右手迅速前伸，抓扣敌方左锁骨。（图2-68）

⊛ 图2-67

⊛ 图2-68

3. 动作不停，我方左脚前移；同时，左掌顺敌右臂前滑，推敌右肩；右手抓敌锁骨猛力撕拽，将其制伏。（图2-69）

❯ 图2-69

二十三

白猿抱瓜

【实战举例】

1. 敌方左脚上步，右拳冲击我方脸部。我方向后滑步，偏身避过敌方拳击，左掌上挑，格敌右腕。（图2-70）

2. 随即，我方左脚向左跨步；同时，左掌向敌方脑后抄去，拇指扣住敌方风府穴，余指扣按其左耳后部。（图2-71）

3. 动作不停，我方右掌下抄，拇指扣住敌方鼻子右侧，余指上扣敌方下颌。两手用劲，合力扣抱，致敌方穴麻鼻伤。（图2-72）

图2-70

图2-71

图2-72

二十四

仙人摘茄

【实战举例】

1. 敌方右脚上步，右拳冲击我方脸部。我方撤步吞身，避过敌方拳击，左掌上挑，外格敌方右臂。（图2-73）

2. 随即，我方左脚上步，左腿后绊敌方右腿；同时，左手向前抓扣敌方右肩，右手向下抓扣敌方裆部。（图2-74）

» 图2-73

» 图2-74

3. 动作不停，我方右脚垫步，立身而起；同时，左手绕过敌方后脑，抱其左耳，向下压按；右手猛力上提敌方裆部，将其制伏。（图2-75）

⊗ 图2-75

猴子偷桃

【实战举例】

1. 敌方右脚抢步，右拳冲击我方脸部。我方见其来势凶猛，两脚向左闪步，绕于敌方身后。（图2-76）

2. 随即，我方转步蹲身，右手前伸，捞抓敌方裆部。（图2-77）

3. 动作不停，我方两脚滑步立身，左手按压敌方后背；同时，右手紧抓敌方裆部，向后猛然提拽，将其制伏。（图2-78）

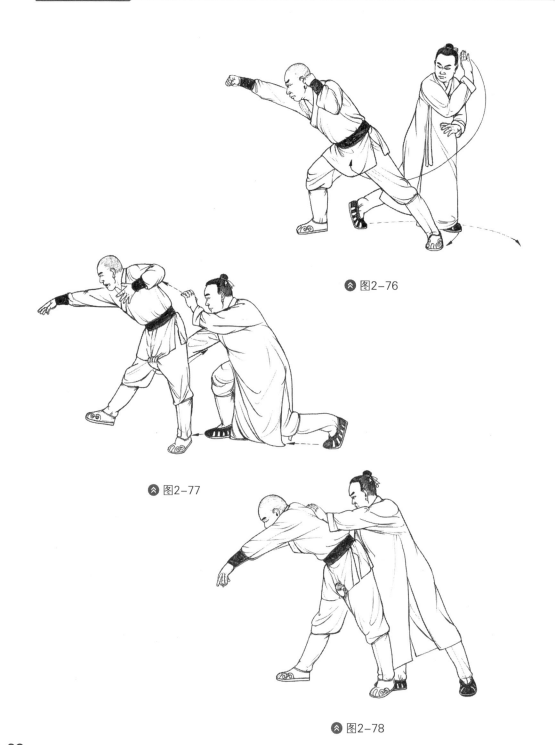

图2-76

图2-77

图2-78

第二节 短打法

"中节根节打短技"，短打即用人体的中节或根节发劲攻击，有头打、肩打、肘打、膝打，属技击暗劲，节短距短，靠身近用，动作隐蔽，劲力整重。

"铁球滚动撞进去"，头为圆形，如铁球一般，头骨紧硬，刚性十足，突然袭击（鼻骨或心窝），伤害猛烈。本节一至三招为头打。

"贴身迎门肩抖尖"，肩打贴撞逼人，猛劲抖靠，可致人桩步不稳，身形晃动，破绽百出。本节四至六招为肩打。

"肘打刚劲凶神藏，怀中献肘把敌伤"，肘骨坚硬，肘头尖锐，肘节灵活，杀伤力强，肘打非常重要。本节七至十二招为肘打。

膝打属下盘短劲，主要攻击敌方中盘要害（裆部、腹部、肋部），靠身近用，力大难防。本节十三至二十一招为膝打。

野牛撞钟

【实战举例】

1. 敌方抢攻，左脚上步，两掌齐攻（左掌在下、右掌在上），右掌欲插我方眼睛，左掌欲抓我方裆部。（图 2-79）

⊗ 图2-79

2. 随即，我方硬抗，不退反进，右掌下格敌方左腕，左掌外格敌方右臂，化解敌方来招。（图2-80）

3. 动作不停，我方左脚向前滑步，左膝前弓；同时，身体前倾，低头前磕，撞敌心窝，将其击出。（图2-81）

⊗ 图2-80

⊗ 图2-81

青羊顶角

【实战举例】

1. 敌方右脚上步，右拳冲击我方脸部。我方两脚向后滑步，吞身坐步，上提左掌，外格敌方右臂，化解敌方来招。（图2-82）

2. 随即，敌方再冲左拳，奔向我方脸部。我方右臂屈肘，外格敌方左前臂，用力顶住敌方拳击；右脚向前跨步助劲。（图2-83）

图2-82

图2-83

3. 动作不停，我方两臂顺势上下一分，使敌方中门打开；同时，两脚向前滑步，弓步倾身，低头前顶，撞敌胸口，将其制伏。（图2-84）

❯ 图2-84

三

鱼跃龙门

【实战举例】

1. 敌方右脚上步，右拳冲击我方脸部。我方撤步，半马沉身，两手上护。（图2-85）

2. 随即，我方左脚垫步，右脚前踏至敌方裆下，上体前倾；同时，左臂下压敌方右肩，右手下扒敌方左大腿，用头猛劲撞击敌方腹部。（图2-86）

3. 动作不停，我方两脚稍向前滑步，头部借势再顶，撞劲连环，致敌重创，将其击出。（图2-87）

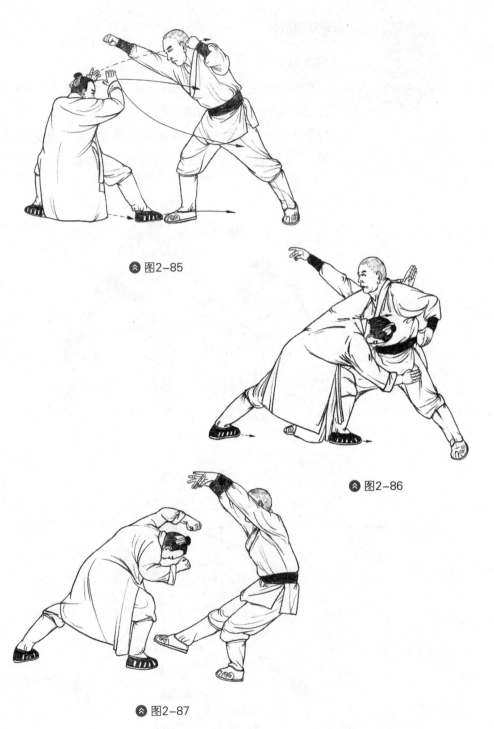

图2-85

图2-86

图2-87

四

倚柱观花

【实战举例】

1. 敌方右脚上步，右拳冲击我方脸部。我方急闪，矮步蹲身，避过敌方拳击。（图2-88）

2. 随即，我方身体右转，左脚向前跨步，踏入敌方裆前；同时，左肩旋抖，靠击敌方右肋。（图2-89）

➤ 图2-88

➤ 图2-89

3. 动作不停，我方收左肩原位再度前撞，左臂向右拦扫助劲，致敌方旋翻跌出。（图2-90）

❮ 图2-90

湘子挥箫

【实战举例】

1. 敌方左脚上步，左拳冲击我方脸部。我方撤步避让；同时，左掌拦截敌方左臂。（图2-91）

2. 随即，我方左手抓拧敌方左腕；同时，右脚上步，右腿后绊敌方左腿；右掌从敌方左臂下方向上穿出，右臂兜挎其左肘。（图2-92）

3. 动作不停，我方右脚稍向前滑步，屈膝前弓，身体前挺，右肩顺势前靠，撞击敌方左背，致其侧翻倒地。（图2-93）

五

☆ 图2-91

☆ 图2-92   ☆ 图2-93

顺水推舟

【实战举例】

1. 敌方右脚上步，右拳冲击我方脸部。我方略向后滑步，左掌上起，外格敌方右肘，阻截敌方拳击。（图2-94）

2. 随即，我方左手抓拉敌方右腕，左脚后撤一步；同时，右脚前移一步，右手前托敌方右肘。（图2-95）

« 图2-94

« 图2-95

3. 动作不停，我方两手猛然一捋敌方右臂，使其身体前倾之际，右脚向前跨步至敌方裆下，弓步侧身发劲，右肩猛然前靠，对准敌方前胸，如车撞人一般，致其远跌而出。（图2-96、图2-97）

❀ 图2-96

❀ 图2-97

迎风摇扇

【实战举例】

1. 敌方右脚上步，右拳冲击我方脸部。我方撤步避让；同时，右掌上起，格挡敌方右臂，化解敌方来招。（图2-98）

2. 随即，我方右手外旋，擒抓敌方右臂；同时，左脚上步，左腿后绊敌方右腿，向右旋身发劲，左肘横击敌方右腮，致其剧痛失力。（图2-99）

《 图2-98

《 图2-99

3. 动作不停, 我方左肘压住敌方右臂, 向左转身, 两脚摆扣; 同时, 右肘紧接前扫, 横劲猛击, 重创敌方左腮。（图2-100）

⊗ 图2-100

挑帘坠珠

【实战举例】

1. 敌方右脚上步, 右拳冲击我方脸部。我方吞身沉步, 左臂屈肘上提, 左掌外格敌方右臂, 卸化来拳力道。（图2-101）

2. 随即, 我方左掌外压敌方右臂; 同时, 右脚上步于敌方裆前成弓步, 右肘发力, 向前挑击敌方下颌。敌方急忙仰头躲避。（图2-102）

3. 动作不停, 我方右肘顺势下落, 向前砸击敌方心窝, 将其制伏。（图2-103）

图2-101

图2-102

图2-103

九

玄武摇首

【实战举例】

1. 敌方右脚上步，左拳冲击我方脸部。我方撤步避让；同时，右掌上挑，格挡敌方左腕，阻截敌方拳击。（图2-104）

2. 随即，我方右手旋抓敌方左腕，向右下方拉拽；同时，左脚上步于敌方裆前，左肘借劲前顶，伤敌左肋。（图2-105）

» 图2-104

» 图2-105

3. 接着，我方右手拉拽敌方左腕不放；左肘摇转，向上横击敌方右腮。（图2-106）

4. 动作不停，我方右手松开敌方左腕，右臂屈肘前发，横击敌方左耳，将其制伏。（图2-107）

❯❯ 图2-106

❯❯ 图2-107

回马击鼓

【实战举例】

1. 敌方右脚上步，右拳崩击我方鼻部。我方向后滑步避让；同时，右掌上提，格挡敌方右腕，化解敌方来招。（图2-108）

2. 随即，我方右手旋抓敌方右腕，向右牵拉；同时，右脚插步，进于敌方右腿外侧；左肘顺势前捣，伤敌右肋。（图2-109）

» 图2-108

» 图2-109

3. 动作不停，我方上体右转，两脚摆扣；同时，右手松开敌方右腕，右肘旋劲摆击，对准敌方后脑，致其跌倒。（图2-110）

❮ 图2-110

中流击楫

【实战举例】

1. 敌方移步进身，左脚横踢我方右肋。我方沉身稳步，右臂屈肘外拦敌方左小腿，阻截敌方腿击。（图2-111）

2. 随即，我方右手外旋，抄抱敌方左小腿；同时，左肘砸击敌方左膝，伤其关节。（图2-112）

3. 接着，我方前伸左手，扒拉敌方左肩；同时，右脚上步，左膝提撞敌方裆部。（图2-113）

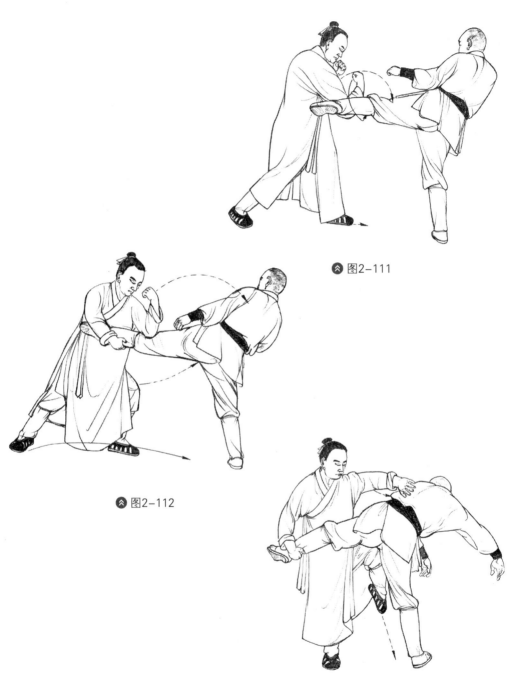

图2-111

图2-112

图2-113

4. 动作不停，我方左脚落步，左膝前弓并倾身；同时，右手松开其腿，左肘画弧向前上挑，伤敌下颌。（图2-114）

5. 最后，我方上体左转，右肘向前横扫，伤敌左耳。短打连环，敌伤乃止。（图2-115）

❖ 图2-114

❖ 图2-115

顺风扯旗

【实战举例】

1. 敌方右脚上步，右拳冲击我方腹部。我方向后滑步避让；同时，左肘向下砸压敌方右臂，阻截敌方拳击。（图2–116）

2. 随即，我方两脚向前滑步；同时，向右转身，左肘向前横扫敌方右腮。（图2–117）

» 图2–116

» 图2–117

3.接着，我方身体左转，两脚摆扣成左弓步，右肘发力，向前挑击敌方心窝。（图2-118）

4.动作不停，我方身体大幅右转，乘背对敌方之际，右肘迅速向后横扫，顶敌头颈右侧，将其制伏。（图2-119）

⊗ 图2-118

⊗ 图2-119

幻影无踪

【实战举例】

1. 敌方右脚上步，右拳冲击我方脸部。我方左脚向左闪步，偏身避过敌方拳击。（图2-120）

2. 随即，我方两手挟制敌方右臂，左脚上步，提起右膝猛撞敌方腹部。（图2-121）

» 图2-120

» 图2-121

3. 动作不停，我方右脚一落，左膝紧跟，提撞敌方右肋。膝击连环，两手配合，铁膝硬劲，致其难逃。（图2-122）

❯ 图2-122

玄武戏首

十四

【实战举例】

1. 敌方移步进身，右脚横踢我方左肋。我方左腿屈膝提起，向外拦截敌方右腿。（图2-123）

2. 随即，我方左脚向前落步，身略向左转；同时，右腿屈膝提起，猛然冲击敌方右大腿，致其剧痛失力。（图2-124）

3. 动作不停，我方右脚向前落步，提起左膝向前冲击，伤其裆部，将其制伏。（图2-125）

图2-123

图2-124

图2-125

叶底藏花

【实战举例】

1. 敌方移步进身，左脚扫踢我方右肋。我方硬性阻截，右臂屈肘，肘尖发力，向外捣击敌方来腿，防中带攻。（图2-126）

2. 随即，我方左脚前移进身，右膝乘势顶击敌方右大腿。（图2-127）

《 图2-126

《 图2-127

3. 动作不停，我方右脚一落，左膝再起，横撞敌方小腹，致其受伤歪倒。（图2-128）

⊗ 图2-128

十六

周处擒蟒

【实战举例】

1. 敌方移步进身，左脚蹬踢我方腹部。我方后闪避让；同时，两手顺势接抓敌方左脚。（图2-129）

2. 随即，我方抓紧敌方左脚用力向左旋拧；同时，左腿屈膝上冲，顶撞敌方左大腿，致其疼痛失力。（图2-130）

3. 动作不停，我方左脚向前落步；右脚乘机上步，右膝向前跪压敌方右小腿；右掌顺势猛推，致其前仆栽出。（图2-131）

图2-129

图2-130

图2-131

十七

问道太和

【实战举例】

1. 敌方移步进身，右腿高扫我方头部。我方蹲步沉身，避过敌方腿击。（图2-132）

2. 随即，我方潜身反击，右脚上步于敌方左脚内侧，右膝向前跪压敌方左小腿；同时，两手推敌裆下，致其翻身扑倒。（图2-133）

⊗ 图2-132

⊗ 图2-133

3. 动作不停，我方右掌下收按压敌方左脚跟，左掌按压敌方左大腿；同时，向右旋身，左膝跪压敌方左膝，右膝跪压敌方左小腿，协力合劲，将敌方牢牢控制在地上，使其动弹不得。（图2-134）

❯ 图2-134

抱虎归山

【实战举例】

十八

1. 敌方右脚上步，右拳冲击我方脸部。我方撤步避让；同时，左手上提，左臂格挡敌方右腕。（图2-135）

2. 随即，我方左脚上步，两手前伸搂抱敌方后颈；右脚撤步，两手合力向下拉压，使敌方低头躬身。（图2-136）

3. 动作不停，我方右膝猛然提起，前顶敌方裆部，致其伤重难逃。（图2-137）

❰ 图2-135

❰ 图2-136

❰ 图2-137

膝撞城门

十九

【实战举例】

1. 敌方右脚上步，右手扑击我方脸部。我方两掌提起，乘封闭敌方上门之际，左腿屈膝前顶，迎击敌方腹部，迟滞来招，迫使其回防。（图2-138）

2. 随即，我方左脚落步；同时，右膝追击，再撞敌方腹部。（图2-139）

◀ 图2-138

◀ 图2-139

3. 动作不停，我方右脚前落，两手前伸搂抱敌方后颈；同时，左膝上提，重击敌方下颌，致其难逃。（图2-140）

⊗ 图2-140

二十

铁膝绊马

【实战举例】

1. 敌方右脚上步，右拳冲击我方脸部。我方向左外闪避让；同时，右臂屈肘上提，格挡敌方右臂，化解敌方来招。（图2-141）

2. 随即，我方两手合力压制敌方右臂；同时，右脚向敌方右腿外侧上步，右膝顺势跪压敌方右膝，致其腿伤难动。（图2-142）

3. 动作不停，我方右臂前伸，搂压敌方后脑；同时，左脚垫步，右腿屈膝提起，撞击敌方腹部，将其制伏。（图2-143）

◈ 图2-141

◈ 图2-142

◈ 图2-143

飞鹤打虎

【实战举例】

1. 敌方左脚上步，右拳冲击我方脸部。我方撤步吞身，左掌上架，格挡敌方右臂，阻截敌方拳击。（图2-144）

2. 随即，我方右脚顺势提起，踩踏敌方左膝。（图2-145）

» 图2-144

» 图2-145

3. 动作不停，我方左腿借右脚下踩敌方右膝之劲，蹬地跳起，屈膝前撞敌方下颌，凌空击伤，力大势猛，重创敌方。（图2-146）

☆ 图2-146

第三章
武当沾衣
十八跌

武当沾衣十八跌，乃内家秘传绝技。所谓"沾衣"，就是抓挒缠挤，贴身擒拿。所谓"跌"，就是专门致敌倒地。所谓"十八跌"，一指擒敌部位主要有十八处，二指跌法有十八手惯用绝招。有歌曰：贴身去擒拿，绊腿加勾挂。武当沾衣跌，妙手有十八。

本章介绍武当巧劲十八跌和武当猛劲十八跌两种风格不同的武当沾衣十八跌，以便读者参考。

第一节　武当巧劲十八跌

　　武当巧劲十八跌，是武当跌法的经典，其跌法巧妙，并不与敌拼劲斗狠，而是以静制动，顺其来势，乘势借力，借力使力，顺势发力，近身挤靠，将其放倒。习练者一旦练习纯熟，往往一抓缠、一勾腿、一抖肩、一坠肘、一拧腰，即可使敌不躺即趴，所谓"沾衣即跌，犯者立仆"，堪称绝技。

　　武当巧劲十八跌歌诀曰：抽身换影，乘势借力；脱化移形，引进落空；避锋藏锐，闪转走化；以斜击正，以横破正；牵逼锁靠，打跌并举；以巧制拙，发劲跌敌。

斜步单鞭

【实战举例】

　　1. 敌方右脚上步，右拳崩击我方脸部。我方撤步，迅速用右掌劈砍敌方右臂。（图3-1）

　　2. 随即，我方右掌就势向前抖转，掌背鞭劲，甩击敌方右腮；同时，左脚向前滑步，右脚向前跨步，右腿后绊敌方左腿。（图3-2）

⊙ 图3-1　　　　　　　　　　　⊙ 图3-2

3. 动作不停，我方右脚向左勾踢敌方左脚；同时，右掌反挥拦压，上下合劲，致敌方后滚跌出。（图3-3）

⊗ 图3-3

玉女穿梭

【实战举例】

1. 敌方右脚抢步，右拳崩打我方脸部。我方撤步避让，右臂格架敌方右臂。（图3-4）

2. 随即，我方左掌从敌方右臂下方向上穿压其面门；同时，左脚上步，左腿后绊敌方右腿，准备将其向左摔跌。敌方撤步，避过我方攻击。（图3-5）

3. 接着，我方右脚垫步，左脚向前滑步，左腿再去勾拦敌方右腿；同时，左掌劈压敌方右胸，右掌扑压敌方胸口。（图3-6）

4. 动作不停，我方两掌同时推按，向左旋抖猛震，左腿绊敌不放，使其仰倒于地。（图3-7）

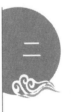

☆ 图3-4

☆ 图3-5

图3-6

图3-7

三

白鹤弹翅

【实战举例】

1. 敌方右脚上步，右拳栽击我方腹部。我方向右闪步；同时，左臂向下格挡敌方右腕，化解敌方来招。（图3-8）

2. 随即，我方左脚上步，左膝前顶敌方右膝，扰乱敌方桩势；同时，左肘前捣敌方心窝。（图3-9）

》图3-8

》图3-9

3. 动作不停，我方左膝外崩前顶；同时，左掌上翻，用掌背拦压敌方左颈，大力所到，敌立跌出。（图3-10）

⊗ 图3-10

顺水推舟

【实战举例】

1. 敌方右脚上步，右拳冲击我方脸部。我方见敌方来势凶猛，迅速向右跨步闪身，避过敌方拳击。（图3-11）

2. 随即，我方乘敌空发前倾之际，右脚前移；同时，左步前转拧身，绕至敌方左后方。（图3-12）

3. 动作不停，我方借向前冲身之势，向左猛然扭身发劲，两掌推震敌方腰尾，致其前仆跌倒。（图3-13）

四

图3-11

图3-12

图3-13

顺手牵羊

【实战举例】

1. 敌方右脚上步，右拳自上而下劈击我方头部。我方左脚撤步，缩身闪过敌方拳击；同时，右掌上迎，格挡敌方右腕。（图3-14）

2. 随即，我方右手旋抓敌方右腕，向右下方用力将带，使敌方身向前躬。（图3-15）

《 图3-14

《 图3-15

3. 动作不停，我方左脚垫步，右脚迅速提起，勾踢敌方右踝；同时，右手拽拉敌方右腕，向右转身，左掌拍砸敌方颈后，手脚合劲，致其前仆跌倒。（图3-16）

⊗ 图3-16

闭门拒客

【实战举例】

1. 敌方移步进身，突然抬起右脚，蹬踢我方腹部。我方招架不及，急忙吞身收腹，避开来招。（图3-17）

2. 随即，我方两手向前抓抱敌方右踝；同时，右脚前移，腹部前顶敌方脚底，控制敌方来腿，不让其收回。（图3-18）

3. 动作不停，我方乘左脚向前滑步，腹部向前鼓劲猛冲之际，两手向上掀送，致其向后翻滚跌出。（图3-19）

图3-17

图3-18

图3-19

野马撞槽

【实战举例】

1. 敌方右脚上步，右拳冲击我方脸部。我方撤步侧身，左掌向右拦劈敌方右臂。（图3-20）

2. 随即，我方左臂向下按压敌方右臂；同时，右脚上步，后绊敌方右脚，紧紧逼住敌势，使其后退不得。（图3-21）

» 图3-20

» 图3-21

3. 动作不停，我方向左旋身，右肩对准敌方前胸，猛劲前靠，如车撞人，致其后仰跌出。（图3-22）

△ 图3-22

插裆绊靠

【实战举例】

1. 敌方移步进身，突然伸出右脚，蹬踢我方腹部。我方撤步缩身，闪过敌方腿击；同时，左臂向左封拦敌方右腿。（图3-23）

2. 随即，我方两脚向前滑步，向左转身；同时，左臂顺势兜夹敌方右小腿，右肘砸压敌方右膝，致其疼痛失力，桩步不稳。（图3-24）

3. 动作不停，我方左脚垫步，右脚向前跨步，右腿后绊敌方左腿；同时，全身前冲，两手猛推，整劲所到，敌即后翻。（图3-25）

图3-23

图3-24

图3-25

搭肩踩腿

【实战举例】

1. 敌方右脚上步，右手向我方抓来。我方吞身，右手见机擒住敌方右腕；同时，左手粘住敌方右肘，向内抖推，伤其关节。（图3-26）

2. 随即，我方左手上转，旋劲下压；同时，右手前伸，扒压敌方左颈，两手合劲，致敌方臂落身歪。（图3-27）

《 图3-26

《 图3-27

3. 动作不停，我方右掌继续向左用力旋压，左脚提起，踩踏敌方右腿腘窝，伤其关节，致其翻跌，倒地难起。（图3-28）

⚫ 图3-28

扳拦旋跌

【实战举例】

1. 敌方左脚上步，左拳崩击我方脸部。我方撤步吞身，以避其锋芒；同时，左掌上起，外拦敌方左臂。（图3-29）

2. 随即，我方左掌顺势旋抓敌方左腕；同时，右脚上步，绊扣敌方左脚，右掌砍击敌方左上臂，致其疼痛失力。（图3-30）

3. 动作不停，我方右掌前伸，从敌方右臂上方向右扒住敌方脸部旋劲按压；同时，左手拉拽，右脚拦扫，将其撂倒，滚翻而出。（图3-31）

❯❯ 图3-29

❯❯ 图3-30　　　　　　　　　❯❯ 图3-31

掣肘牵跌

【实战举例】

1. 敌方右脚上步，右拳冲击我方脸部。我方撤步缩身避让；同时，右掌上起，格挡敌方右腕。（图3-32）

2. 随即，我方右手外旋抓扣敌方右腕，向下拉拽；同时，左脚向前跨步，右脚紧跟，左膝顺势扣压敌方右膝；左掌劈击敌方右上臂，顺势按压其右肘。（图3-33）

» 图3-32

» 图3-33

3. 接着，我方左膝猛劲跪击敌方右膝；同时，右手向右后方拧拽敌方右腕，左手按推敌方后背，致其前仆跪地。（图3-34）

4. 动作不停，我方起身，两手松开，右脚后撤；同时，左脚提起，踩踏敌方尾闾，致其趴地难起。（图3-35）

❯ 图3-34

❯ 图3-35

扳拦捶跌

【实战举例】

1. 敌方右脚上步，右拳崩击我方脸部。我方撤步避让，右掌上提，拦截敌方右臂。（图3-36）

2. 随即，我方右手旋抓敌方右腕，向右下方拽带，不让其逃；同时，左拳反背砸击敌方右上臂，致其剧痛失力。（图3-37）

» 图3-36

» 图3-37

3. 动作不停，我方两手向后捋带敌方右臂，致其身倾步乱之际，左脚猛踹敌方右胯，使其受创，前仆跌出。（图3-38）

⊗ 图3-38

兜肘旋跌

【实战举例】

1. 敌方右脚上步，右拳冲击我方脸部。我方撤步，偏身避过敌方拳击；同时，左掌上起，向右切击敌方右肘。（图3-39）

2. 随即，我方左脚上步于敌方裆下，上体右转，右脚外摆；同时，右手前抓敌方右腕，向后牵带；左肘兜压敌方右肘，左掌按住敌方右腕，配合右手牵拉。（图3-40）

3. 动作不停，我方两手继续旋拉，左肘兜转加力，伤其右肘，致其前仆，跪跌就擒。（图3-41）

❯ 图3-39

❯ 图3-40

❯ 图3-41

穿桩翻挞

十四

【实战举例】

1. 敌方右脚上步，右拳摆击我方脸部。我方见敌方来势凶猛，撤步，沉身下坐，避过敌方拳击。（图3-42）

2. 随即，我方左脚上步，左腿后绊敌方右腿，弓步倾身；同时，右手下伸，捞抓敌方右膝；左肘前挤，拦压敌方咽喉。（图3-43）

《 图3-42

《 图3-43

　　3. 接着，我方右臂兜提敌方右腿，向上抄起；同时，左掌扒按敌方左肩，迫使敌方仰身失衡。（图3-44）

　　4. 动作不停，我方身向左转，左手乘势向左后方猛劲扒压，右臂向左猛劲兜旋，致敌方后翻滚地。（图3-45）

❰ 图3-44

❰ 图3-45

旋身膀跌

十五

【实战举例】

1. 敌方右脚上步，右拳崩击我方脸部。我方撤步，沉身后坐；同时，右掌上挑，格挡敌方右臂。（图3-46）

2. 随即，我方右手旋抓敌方右腕；同时，右脚外展，向右转身，左脚上步于敌方裆下；用左臂向右撞击敌方右肘，致其关节扭折，迫使其弯腰低头。（图3-47）

❮ 图3-46

❮ 图3-47

3. 动作不停,我方继续向右猛劲裹旋,致敌方失衡跌出,前仆趴地。(图3-48)

图3-48

铁帚扫桩

【实战举例】

1. 敌方左脚上步,左拳冲击我方脸部。我方撤步吞身,重心后坐;同时,左掌上起,向右拦切敌方左臂。(图3-49)

2. 随即,我方左脚前移成左弓步;同时,右掌向前上方甩,掌背发力,反弹敌方面门。敌方闪过我方掌击。(图3-50)

3. 动作不停,我方右手前伸,勾搂敌方咽喉,向右猛压;同时,右脚勾挂敌方左脚跟,上下交错,将其跌翻。(图3-51)

图3-49

图3-50

图3-51

截拿绊扣

【实战举例】

1. 敌方右脚上步，左拳冲击我方脸部。我方撤步，避过敌方拳击；同时，右掌向上拦截，拍其左臂化劲。（图3-52）

2. 随即，我方两手一齐擒抓敌方左臂，向左下方拖拽；同时，身体左转，左腿弓步，右脚上步，外拦敌方右脚。（图3-53）

» 图3-52

» 图3-53

3. 动作不停，我方右脚别住敌方右脚，粘住不放；两手继续向下拖拽，致其倾身前仆，翻滚跌倒。（图3-54）

❰图3-54

雁翅翻云

【实战举例】

1. 敌方移步进身，右脚弹踢我方腹部。我方撤步避让；同时，右手握拳，右臂伸直外画，格挡敌方右小腿。（图3-55）

2. 随即，我方向右转身，右臂顺势兜夹敌方右脚，左肘夹压敌方右膝，控其右腿，不让其逃；同时，左脚上步，顶住敌方左脚助劲。（图3-56）

3. 动作不停，我方向左转身，左腿弓步，身向前冲；同时，左掌向前反背甩压敌方面门，右手兜住敌方右脚向上掀起，将其猛劲撂出，翻滚远跌。（图3-57）

图3-55

图3-56

图3-57

第二节 武当猛劲十八跌

武当猛劲十八跌，讲究大力跌敌，要求上下合劲，左右齐击，联合加力，致敌倒地。习练者一旦练成，劲足势猛，杀伤力强，出手即跌，令敌躺趴，倒地难起。

俗话说"一力降十会"，没有强大的劲力作为跌敌基础，犹如蚂蚁撼树，无法克敌制胜，所以要加大力量练习。下面简介三种练习跌劲的传统器物，读者可以利用它们进行手力、腕力、臂力、腰力及腿力的锻炼。

石锁：石锁练法主要有抓举和摆举，还有正掷、反掷、跨掷、背掷等掷法和手接、指接、肘接、肩接、头接等接法，可以组成多种多样的花色动作。

石担：石担主要有举和舞两种练法。举法有单手或两手的抓举、推举、挺举；舞法有扯旗、腰花、背箭、头花和颈花等。

地秤：地秤是俗称，即半个石担，一边轻一边重，既可用手抓、提、缠、旋，也可用脚勾、挂、挡、盘，非常有利于提高跌法的手脚力量与招法合劲。

抱颈翻跌

【实战举例】

1. 敌方左脚上步，左拳冲击我方脸部。我方右脚撤步，向左侧身；同时，右拳前起，右臂外挡，阻截敌方拳击。（图3-58）

2. 随即，我方右手旋抓敌方左臂；同时，左脚向右摆步，右脚向前插步，两脚大致平行，向右转身，左胯顶住敌方小腹；左手前伸环抓敌方左肩，左臂搂夹敌方后颈。（图3-59）

3. 动作不停，我方右转弯腰，左胯贴紧上拱；同时，右脚移步，两手一齐向前下方发力旋带，将敌方扛起，翻跌而出。（图3-60）

❰❰ 图3-58

❰❰ 图3-59

❰❰ 图3-60

插肩翻跌

【实战举例】

1. 敌方左脚上步，右拳摆击我方头部。我方右闪，避过来拳，乘机进身，左肩前顶，右掌前封，迟滞敌势，防其连击；同时，左手穿过敌方右腋，从其颈后向右搂伸而去。（图3-61）

2. 随即，我方右手前伸，抓扣敌方左臂；左臂搂夹敌方腋后，左手扒压敌方左肩；同时，右脚插步，左脚右摆，向右转身，两腿屈膝，左胯紧抵敌方小腹。（图3-62）

❯ 图3-61

❯ 图3-62

3. 动作不停，我方两手一齐向前下方猛劲旋拉；同时，两腿蹬伸，向下弯腰，左胯上扛，致敌方头向前栽，两脚上翻，滚转跌出。（图3-63）

<< 图3-63

抱腰翻跌

【实战举例】

1. 敌方左脚上步，右拳冲击我方头部。我方右闪，避过来拳，乘机进身，左肩上顶，右掌前封，迟滞敌势；同时，左手穿过敌方右腋，从其后背向右下方搂伸。（图3-64）

2. 随即，我方右手抓扣敌方左臂，左手搂抓敌方左腰衣服或腰带；同时，右脚插步，左脚右摆，向右转身，两膝稍屈，左胯紧抵敌方小腹。（图3-65）

3. 动作不停，我方两手紧抱，一齐向右下方旋拽；同时，两腿蹬伸，弯腰翘胯，猛劲所到，致敌方离地翻转，两脚朝上，惨跌当场。（图3-66）

⊗ 图3-64

⊗ 图3-65

⊗ 图3-66

扛肩翻跌

【实战举例】

1. 敌方左脚上步，左拳冲击我方脸部。我方撤步，向左闪身；同时，右掌上起，右臂外格敌方左臂，化解敌方来招。（图3-67）

2. 随即，我方右手旋抓敌方左腕，右脚插于敌方裆前；同时，向右转身，左脚右摆，两膝稍屈；左手穿过敌方左臂，搂抓敌方左肩，左肩上顶敌方左腋。（图3-68）

❯❯ 图3-67

❯❯ 图3-68

3. 动作不停，我方两手猛劲向下搂拽敌方左臂；同时，向下弯腰，两腿蹬伸，将敌扛起，过背前摔，致其翻跌滚出。（图3-69）

⚠ 图3-69

抱腿拱跌

【实战举例】

1. 敌方左脚上步，右拳冲击我方脸部。我方沉身下潜，左脚上步于敌方裆下；同时，两手前伸，搂抱敌方臀部下方，左肩前顶敌方小腹。（图3-70）

2. 动作不停，我方两手向后抄抱，向上捋提，使敌方后仰失衡；同时，左肩前拱，致其后跌于地。（图3-71）

❯ 图3-70

❯ 图3-71

抱腿别跌

【实战举例】

1. 敌方左脚向前滑步，两拳夹击我方两耳。我方潜身下闪，左脚向前滑步；同时，两手搂抱敌方左腿，左手在上搂其大腿，右手在下搂其小腿。（图3-72）

2. 随即，我方身体上起，向右转身，两手向右搬拉，拽动其左腿，使敌方步乱身歪。（图3-73）

⊗ 图3-72

⊗ 图3-73

3. 动作不停，我方两手继续加力，向右、向后、向上旋扭敌方左腿；左腿绊别敌方右腿，将其摔翻在地。（图3-74）

❯ 图3-74

抱腿扫跌

【实战举例】

1. 敌方左脚上步，左拳冲击我方脸部。我方潜身避过敌方拳击；同时，左脚上步于敌方裆下；两手搂抱敌方左腿，左手在上搂其大腿，右手在下搂其小腿。（图3-75）

2. 随即，我方身体上起，两手用劲搬起敌方左腿，右手抓提，左臂兜夹，致敌方步歪身晃。（图3-76）

3. 动作不停，我方左腿向左猛劲斜扫敌方右腿，大力所到，敌立后翻而倒，滚身跌远。（图3-77）

图3-75

图3-76

图3-77

抱腿扳跌

【实战举例】

1. 敌方移步进身，左脚蹬踢我方胸部。我方偏身闪过敌方腿击，右手乘机托抓敌方左脚跟，左臂向前兜抱敌方左大腿。（图3-78）

2. 随即，我方身向下沉，左手下伸，反手扒按敌方右腿腘窝，准备发力。（图3-79）

» 图3-78

» 图3-79

3. 动作不停，我方右手搂抱敌方左腿向右猛劲旋拉；同时，左手反扳敌方右腿向上勾起，将敌方撂倒。（图3-80）

⊗ 图3-80

接腿旋跌

【实战举例】

1. 敌方移步进身，左脚蹬踢我方胸部。我方撤步闪身，两手乘机接抓敌方左脚，右手抓握其脚尖，左手托抱其脚跟，不让其收腿逃脱。（图3-81）

2. 随即，我方右脚稍向后滑步，沉身后坐；同时，两手抓紧敌方左脚向下拖拽，致其身向前倾。（图3-82）

3. 动作不停，我方右手紧拽敌方左脚跟，左手紧拽其左小腿，向左、向上、向右旋劲扭转，致敌方重心失衡，无法站立，仰面躺倒。（图3-83）

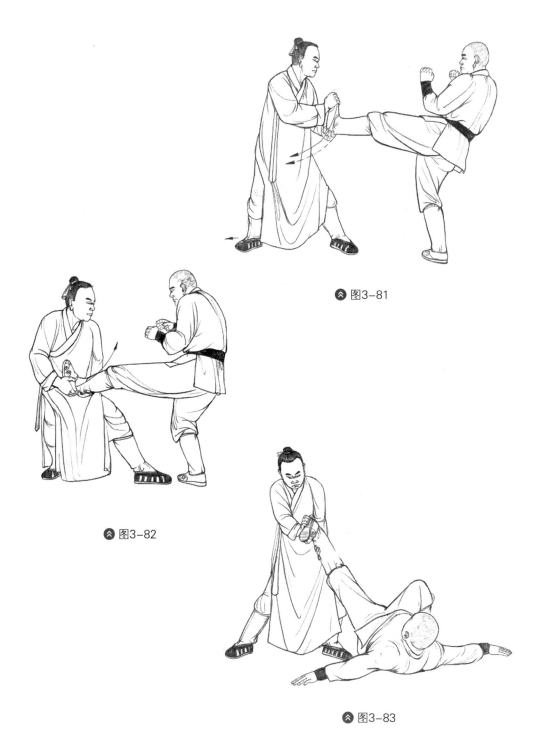

☆ 图3-81

☆ 图3-82

☆ 图3-83

接腿放跌

【实战举例】

1. 敌方移步进身，左脚蹬踢我方胸部。我方撤步，两手接抱敌方左脚，左手抓控其脚跟，右手按压其脚尖。（图3-84）

2. 随即，我方两手合力上抬敌方左脚，致敌方仰身欲倒。（图3-85）

» 图3-84

» 图3-85

3. 动作不停，我方左脚向前滑步，身向前冲，左脚发力；同时，右手前推敌方脚底，左手上托前送，致敌方翻躺在地。（图3-86）

❯ 图3-86

接腿勾跌

【实战举例】

1. 敌方移步进身，右腿鞭踢我方左肋。我方旋身化劲，左臂乘机抄抱敌方右小腿，右手推按其右肩，欲致其后倒。敌方仰身避过。（图3-87）

2. 随即，我方右掌变劲，从其右侧前伸，扒按敌方后颈；同时，右脚向前勾挂敌方左膝，致其身歪欲倒。（图3-88）

3. 动作不停，我方右脚落步；同时，左臂兜夹敌方右腿继续上抬，右掌向右下方猛劲旋按敌方后脑，致其翻转仆地，歪倒被擒。（图3-89）

❖ 图3-87

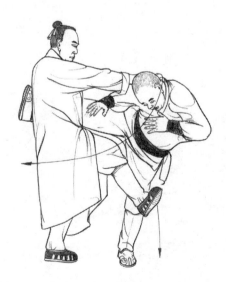

❖ 图3-88

❖ 图3-89

接腿搂跌

【实战举例】

1. 敌方移步进身，左腿鞭踢我方右肋。我方偏身避过敌方腿击，右臂乘机抄抱敌方左脚，左掌顺势前推，拦其连击，致其身歪。（图3-90）

2. 随即，我方左手向前推按敌方左肩；同时，左脚前伸，左腿向左猛劲扫踢敌方右腿。（图3-91）

» 图3-90

» 图3-91

3. 动作不停，我方左脚落步；同时，右手上提敌方左腿，左手继续推按其左肩，将其撂倒在地。（图3-92）

⚞ 图3-92

夹颈挑跌

【实战举例】

1. 敌方左脚上步，左拳冲击我方脸部。我方撤步避让；同时，两掌上起，一齐向右拦截敌方左臂。（图3-93）

2. 随即，我方右手旋抓敌方左腕；左手前伸，穿过敌方右肩，左臂屈肘向右搂夹敌方颈部；同时，右脚插步前垫，左脚向前跨步，左腿拦绊敌方左腿。（图3-94）

3. 动作不停，我方右转拧腰，左腿向后挑挂敌方左腿，使敌方离地而起，头向前栽，翻滚跌出。（图3-95）

图3-93

图3-94

图3-95

插抱挑跌

【实战举例】

1. 敌方左脚上步，左拳冲击我方脸部。我方撤步，两掌上提，右掌格挡敌方左臂，左掌前伸封阻敌方右手。（图3-96）

2. 随即，我方右手旋抓敌方左肘；右脚向前插步，左脚向左摆步；同时，左手穿过敌方右腋，左臂向上兜提，向右转身，左胯顶住敌方小腹，使其身向上起，全身失力。（图3-97）

⤊ 图3-96

⤊ 图3-97

3. 动作不停，我方左臂搂夹敌方后颈，右手向下拉拽敌方左上臂；同时，向右转身拧腰，左腿猛劲向左后方挑挂敌方左腿，使敌方腾空前翻，滚跌于地。（图3-98）

↟ 图3-98

穿腿靠跌

【实战举例】

1. 敌方右脚上步，左掌插击我方咽喉。我方上起右手拦抓敌方左腕，随即左脚移步，左膝前弓，头向右探，右肩顺势顶扛敌方左肘；同时，左手下伸，穿过敌方裆下，捞抓敌方左大腿。（图3-99）

2. 随即，我方左手将敌方左腿提起；同时，右手下拉助劲，扭折敌方左臂。（图3-100）

3. 动作不停，我方上体左倾，左肩前撞敌方胸部，左膝前顶敌方右膝，一齐用力，致敌方后倒，动弹不得。（图3-101）

图3-99

图3-100

图3-101

十六

抱腿扛跌

【实战举例】

1. 敌方左脚上步，右拳冲击我方脸部。我方沉身下闪，左脚上步，向前俯身，两手捞抱敌方右腿腘窝，左肩抵住敌方小腹。（图3-102）

2. 随即，我方右脚上步，向上立身，用力将敌抱起。（图3-103）

» 图3-102

» 图3-103

3. 动作不停，我方挺身仰头，两手向后掀送，致敌方翻滚跌出。（图3-104）

⊗ 图3-104

抱腿撞跌

【实战举例】

1. 我方抢攻，左脚上步，左膝前弓，左掌插击敌方眼睛。敌方上体后仰躲避。（图3-105）

2. 随即，我方右脚垫步，左脚向前跨步，进于敌方裆下；同时，向下俯身，两手搂抱敌方两腿，左肩贴紧敌方小腹。（图3-106）

3. 动作不停，我方乘右脚稍上，左肩前撞之际，两手猛然向后旋拉，致敌方后翻仰倒。（图3-107）

十七

图3-105

图3-106

图3-107

压头兜跌

【实战举例】

1. 敌方突击，俯身而来，两手搂抱我方右腿，欲行摔跌。我方急忙右膝前弓，向下沉劲，稳住身形，右手按压敌方后背，迟滞其上起用力。（图3-108）

2. 随即，我方右手乘机抓按敌方头部左侧；同时，左手下穿，捞住敌方右大腿向上搬起。（图3-109）

◈ 图3-108

◈ 图3-109

3.动作不停，我方两手发力，右手下压，左手上兜，猛然使敌方身体向右翻转，滚跌而出。（图3-110）

◈ 图3-110

第四章
武当大力擒拿手

　　擒拿手，也称分筋手、错骨手、黏拿手、擒伏手等，名异实同。所谓擒拿，就是以抓、扣、缠、绕、捋、挤、提、按等手法，在交手时专门攻击敌方关节，轻可致敌手脚难动，关节疼痛；重可致敌筋断骨折，瘫软昏晕，是一门理法独特的技击术。

　　武当大力擒拿手，是内家武术之精髓，乃武当内家散手技击之所长，其招法别致，柔韧有力，动作曲折，细腻多变。能以柔克刚，以弱胜强。所谓"出手如使捆仙绳，任敌挣扎动不成""扣如钢钩黏如胶，缠如金丝敌难逃"，就是大力所到，立可将敌擒拿。

第一节　头颈擒拿手

头部、颈部，位于人体最上部，要害密布，比较脆弱，如被擒拿，轻则整体失宜，全身难动，重则呼吸困难，瘫软昏晕。

玄武戏龟

【实战举例】

1. 我方右脚上步，右掌推击敌方面门。敌方沉身下潜，右脚上步，两手搂抱我方右腿，用肩抵压我方腹部，欲行摔跌。（图4-1）

2. 动作不停，我方右膝前弓，用力相抗，稳定重心；同时，右手按压敌方头顶，左手锁扣敌方下颌，两手交错用力，向左扭转敌方头颈，迫使敌方松手，将其牢牢擒制。（图4-2）

图4-1　　　　　　　　　　　　图4-2

灵童盗珠

【实战举例】

1. 敌方两手抓握我方右腕，随之用右肩扛起我方右臂，向前躬身用力，欲行背摔。（图4-3）

2. 动作不停，我方猛将身体下坠，先使两脚落地站稳，破解被摔之险；紧接着，左手向右环臂箍住敌方咽喉，致其窒息失力而松手；我方右手随即抓扣敌方眼睛，向后锁压；同时，左脚上步，左膝前弓，紧紧抵住敌方右腿，将其牢牢擒制。（图4-4）

⊗ 图4-3

⊗ 图4-4

太上伏牛

【实战举例】

1. 我方右脚上步，右掌推击敌方脸部。敌方撤步沉身，左掌格挡我方右腕。（图4-5）

2. 随即，敌方左手旋抓我方右腕；身体下蹲，右手下伸反抓我方右踝，欲行摔跌。（图4-6）

⊗ 图4-5

⊗ 图4-6

3. 动作不停，我方左脚上步，右脚外摆，向右转身；同时，右掌顺势用劲，反拧敌方左腕；左手下伸，以食指、中指抠住敌方鼻孔，用力勾提，致其疼痛失力，无法反抗，将其擒拿。（图4-7）

⊗ 图4-7

掌运太极

【实战举例】

1. 敌方右脚上步，跨至我方裆前；两手搂抱我方腰部，右肩顶靠我胸部，欲行摔跌。（图4-8）

2. 动作不停，我方迅速将右脚后移，稳住身形；同时，左掌按住敌方左腮，右掌托住敌方右腮，两手合力向左扳转，扭挫其头颈，使之疼痛难忍，束手就擒。（图4-9）

△ 图4-8

△ 图4-9

龟蛇相交

五

【实战举例】

1. 敌方右脚上步，右拳冲击我方脸部。我方撤步，左手顺势擒抓敌方右腕。（图4-10）

2. 随即，我方右脚向前滑步；同时，右掌前穿，至敌颈右侧。（图4-11）

《 图4-10

《 图4-11

3. 动作不停，我方右手沿着敌方脖颈环臂抱挟，再用左手抓住自己的右腕，形成缠颈之势，将敌方擒制。（图4-12）

▲ 图4-12

六

雄鹰搏兔

【实战举例】

1. 敌方右脚上步，右拳冲击我方脸部。我方闪过敌方拳击，左臂上格。（图4-13）

2. 随即，我方左手旋抓敌方右腕；同时，右脚向前跨步，右腿后绊敌方右腿；右手前伸，锁卡敌方咽喉。（图4-14）

3. 动作不停，我方向左旋身，左手向左旋拉敌方右腕，右手卡喉向左猛劲推压，致其后倒被擒，不能动弹。（图4-15）

❰ 图4-13

❰ 图4-14

❰ 图4-15

七

青蛇缠藤

【实战举例】

1. 敌方突然从我方身后逼近，左手抓拽我方左上臂，右手搂抓我方右肩。（图4-16）

2. 随即，我方急忙将左脚向左绕步，以防被摔；同时，左臂向上、向右缠压敌方右上臂，左肩上扛助劲。（图4-17）

❯❯ 图4-16

❯❯ 图4-17

3. 动作不停，我方左手前伸，反臂勾扒敌方脖颈；左腿再进，顺势跪压敌方右小腿，上下错劲，将其擒制。（图4-18）

⊗ 图4-18

赵公伏虎

【实战举例】

1. 我方主攻，右脚上步，右手抄抓敌方右腕。（图4-19）

2. 随即，敌方转身欲逃，背对于我方。我方左脚向前跨步，进于敌方右后方，左膝前弓，顶其左腿；同时，左臂乘机缠勒敌方颈部，右手拽拉敌方右腕，致其被动仰身，全身失力。（图4-20）

3. 接着，我方向右转身，两脚摆扣，左腿别住敌方右腿，致其向右倾身，摇摇欲坠。（图4-21）

4. 动作不停，我方将敌方旋摔于地，左腿向左跨过其身体，顺势骑压，以免其起身反抗；两手仍不放松，右手抓其右腕继续向右旋提，左臂勒其喉加劲箍紧，将其牢牢控制。（图4-22）

⊗ 图4-19

⊗ 图4-20

⊗ 图4-21

⊗ 图4-22

二仙缚虎

【实战举例】

1. 我方突袭敌方，右脚上步于敌方裆下；右臂环抱敌方颈部，左掌推抵敌方背部。（图4-23）

2. 随即，我方左掌乘机上起，按住敌方后脑向前推压。（图4-24）

《 图4-23

《 图4-24

3. 接着，我方右手顺势抓搭自己的左腕，两手合势，捆锁敌方咽喉，一推一勒，交错用力，致其昏晕失力。（图4-25）

4. 动作不停，我方两手箍喉不变；右脚提起，顺势踩击敌方左腿腘窝，致其后仰而倒，将其擒制。（图4-26）

》图4-25

》图4-26

第二节　肩肘擒拿手

肩部、肘部，是人体上肢的根节与中节，活动能力有限，一经擒拿，则臂力顿失，无法反抗。

踏葫渡海

【实战举例】

1. 敌方右脚上步，右拳冲击我方脸部。我方撤步，左手上迎，拦抓敌方右腕。（图4-27）

2. 随即，我方左手顺势抓拧敌方右腕，右脚稍进，身略向左转；同时，右臂屈肘提挎敌方右肘。（图4-28）

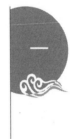

⊗ 图4-27

⊗ 图4-28

3. 接着，我方两脚向前滑步，进至敌方右侧；同时，上体右转，右臂挎敌方右肘向右旋压，右掌顺势按住敌方右肩；左手上提敌方右腕，使其俯身跪地。（图4-29）

4. 动作不停，我方右手抽出，拿住敌方右肘，协助左手推扭其右腕，向其背后折屈其右臂，迫使其弯腰下俯；同时，提起左脚，踩住其右腋后部。（图4-30）

⊗ 图4-29

⊗ 图4-30

5. 最后，我方左脚用力下踩，迫使敌方前趴于地，左膝前弓，牢牢别住敌方右前臂，致其动弹不得；两手放开，身体起立。此招腾出两手，节省体力，有利于长时间擒制。（图4-31）

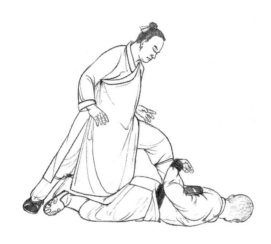

⌃ 图4-31

纯阳缚虎

【实战举例】

1. 敌方右脚上步，右拳勾击我方腹部。我方撤步吞身，避让敌拳；同时，左掌下切，拦截敌方右腕。(图4-32)

2. 随即，我方左脚向前滑步；同时，右掌下插敌方右上臂外侧，与左掌形成绞剪势。（图4-33）

3. 接着，我方右手上翻，回拉敌方右肘；左掌从其右前臂下穿绕而过，按压其右肩；同时，左脚上步，右脚插步，向右转身，扭别敌方右臂，迫使其俯身。（图4-34）

4. 动作不停，我方向右转身；同时，两手加力推按，致敌方前趴于地；左膝顺势跟上，跪压敌方尾闾，将其牢牢控制。（图4-35）

☆ 图4-32

☆ 图4-33

☆ 图4-34

☆ 图4-35

古藤缠枝

【实战举例】

1. 敌方右脚上步，右手扑抓我方衣领。（图4-36）

2. 随即，我方急忙提起左手，抓按敌方右腕；同时，右脚上步，身体左旋；右掌用力扬起，直臂上翘敌方右肘。（图4-37）

❮ 图4-36

❮ 图4-37

3. 接着，我方右脚前移，弓步使劲，身体前靠；左手上推敌方右腕，右臂向右挑别敌方右肘，迫使其弯腰低头。（图4-38）

4. 动作不停，我方右臂屈肘，绕过敌方肩部，圈压其右肩；同时，左手握其右腕，向其背后推折，伤其关节，将其擒制。（图4-39）

❯❯ 图4-38

❯❯ 图4-39

老道扳笋

【实战举例】

1. 敌方右脚上步，右拳砸击我方脸部。我方撤步，右掌前迎，拦击敌方右拳。（图4-40）

2. 随即，我方右手乘机擒抓敌方右腕，旋拧拽拉；同时，身向右摆，左手向下抓按敌方右肘，控制其关节。敌方挺臂反抗，拼力挣扎。（图4-41）

❮ 图4-40

❮ 图4-41

3. 动作不停，我方则左脚上步，向右转身；同时，右手向左上方拧，提转敌方右臂；左手推按其肘向下猛压，交错用力，迫使敌方趴地。最后再用左肩前抵敌方右手，右手抓按其右前臂，左掌劈压敌方右肩后部，伤其关节，致其难动。（图4-42）

⚠ 图4-42

绞臂金锁

【实战举例】

1. 敌方左脚上步，左拳崩击我方胸部。我方撤步吞身；同时，左掌外格敌方左腕，阻截敌方拳击。（图4-43）

2. 随即，我方左手勾腕外转，抓住敌方左拳；同时，右脚前移，右手就势前伸，屈肘环臂，右肘内旋横压敌方左肘，右掌按住敌方左腕助力。（图4-44）

3. 动作不停，我方左脚上步，左腿后绊敌方左腿；同时，左手折起敌方左腕，向右推压，反折敌方左肘；右手锁压其左肘助力，迫使敌方上体后仰，失衡失力。（图4-45）

图4-43

图4-44

图4-45

六

小鬼抱柱

【实战举例】

1. 敌方右脚上步，左拳勾击我方腹部。我方吞身收腹，避过敌方拳击。（图4-46）

2. 随即，我方右手抄抓敌方左腕；同时，左脚前移，贴身欲擒。（图4-47）

» 图4-46

» 图4-47

3. 动作不停，我方左臂向后搂挎敌方左肘，挺腹仰身，向上端劲；同时，右手拿住敌方左腕向下拉拽，致其关节疼痛，迫使其踮足失力。（图4-48）

⊗ 图4-48

仙姑折莲

【实战举例】

1. 我方抢攻，右脚上步；同时，右手前伸，锁扣敌方左腕，拇指扣其手背，向内按扭，余指扣其脉门。（图4-49）

2. 随即，我方左脚上步，左腿后绊敌方左腿；同时，左手从敌方左肘外侧上抄，屈肘上勾，左臂上兜敌方左上臂；右手继续外扭相助。（图4-50）

3. 动作不停，我方左手用劲扣压敌方左腕（右手松开），左臂上抬相助，扭疼敌方左肘，伤其关节，迫使敌方上体后仰，失力被擒。（图4-51）

❯ 图4-49

❯ 图4-50

❯ 图4-51

黑熊晃膀

【实战举例】

1. 敌方突袭，左脚上步，右手抓拿我方胸襟。（图4-52）

2. 我方迅速用右手压按敌方右手，迟滞其发劲；随即，身向右拧，借此拉伸敌方右肘以利擒打，两脚摆扣，左臂顺势旋劲，猛靠敌方右肘，折其关节，迫使其松手。（图4-53）

《 图4-52

《 图4-53

龟蛇炼丹

【实战举例】

1. 敌方抢攻，左手擒制我方右腕，右手卡住我方咽喉。（图4-54）

2. 随即，我方急忙用左手解救，拇指扣入敌方右手虎口，用力外扣；同时，余指扣按其拇指根部，向外掰开。（图4-55）

☆ 图4-54

☆ 图4-55

3. 接着，我方右脚上步，右腿后绊敌方右腿，身向左转，左脚外摆；同时，右手乘机解脱，绕过敌方右臂外侧，用力向下伸开，向右猛别敌方右肘，致其疼痛失力。（图4-56）

4. 动作不停，我方右臂屈肘，右手盘压敌方左肩，至此敌方右手、右肘、右腿、右肩、左肩皆被控制，完全失力被擒。（图4-57）

《 图4-56

《 图4-57

第三节　腕指擒拿手

手腕、手指，是人体上肢的梢节，非常灵活，但脆弱易伤，一经大力，疼痛难忍，顿时失力。

金丝缠腕

【实战举例】

1. 敌方抢攻，右脚上步，右手扑抓我方右腕，欲施擒拿。（图4-58）

2. 随即，我方急忙用左掌按住敌方右手，迟滞其发劲；同时，左脚上步；右手向上翘起，向外缠腕，反擒敌方右前臂。（图4-59）

◈ 图4-58

◈ 图4-59

3. 动作不停，我方左手按紧，身向下沉，左肘砸压敌方右前臂；右手后捋助劲，挫其右手腕关节，迫使其跪地就擒。（图4-60）

❯ 图4-60

大缠丝手

【实战举例】

1. 我方右脚上步，右掌击打敌方脸部。敌方撤步，左手突然抓握我方右腕。（图4-61）

2. 随即，我方急忙用左手抓拿敌方左腕，先行反制，迟滞敌方攻击。（图4-62）

3. 动作不停，我方两手合力向左牵带敌方左臂，右肘向前旋压其左肘；同时，左脚稍撤，向左转身，沉桩用力，伤其关节，迫使其跪地。（图4-63）

二

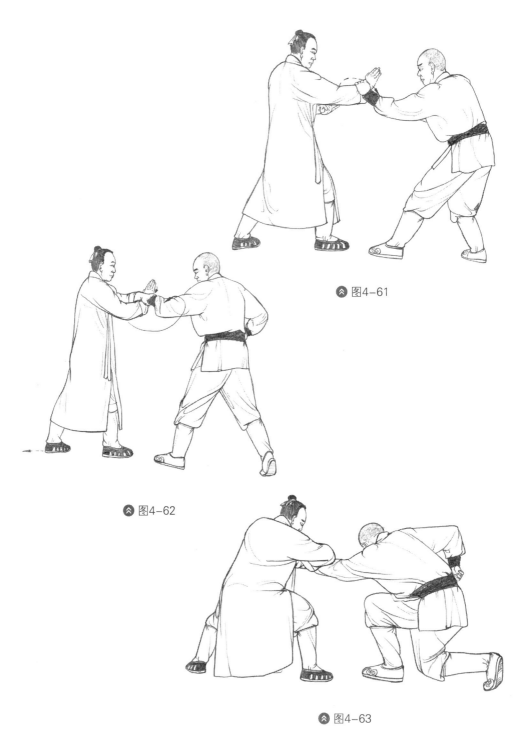

图4-61

图4-62

图4-63

扭转乾坤

【实战举例】

1. 敌方突进，伸出左手揪住我方胸襟，反扭上提。（图4-64）

2. 随即，我方急忙用右手抓扣敌方左手背，右手拇指插入敌方左手心，余指扣拿敌方左手虎口；同时，左手向上抓握敌方左腕；身向前顶，左脚向前滑步，左腿后绊敌方左腿。（图4-65）

《 图4-64

《 图4-65

3. 动作不停，我方两手向右合力搬扭，上体右转下俯，左脚向后勾踢，挫敌左手腕关节，致其后翻倒地。（图4-66）

图4-66

四

沉鱼落雁

【实战举例】

1. 敌方抢攻，右脚上步，右手扑抓我方左肩，欲施擒拿。（图4-67）

2. 随即，我方急忙用右手抓按敌方右手，不让其逃；左臂屈肘上提，蓄势待发。（图4-68）

3. 动作不停，我方右脚稍撤，身向右转；同时，左肘对准敌方右肘，用力向下裹压，致其关节伤折，低头跪地就擒。（图4-69）

❁ 图4-67

❁ 图4-68

❁ 图4-69

五

狮子回头

【实战举例】

1. 敌方从我方身后突袭，伸出右手抓住我方右肩，拉转我方身体，欲行擒摔。（图4-70）

2. 随后，我方右脚急忙撤步，稳定身形；同时，左手扑抓敌方右手背，阻其发力；右臂屈肘上举，准备反击。（图4-71）

>> 图4-70

>> 图4-71

3. 动作不停，我方上体右转，两脚摆扣，屈膝沉身；右肘随势砸压敌方右肘，左手紧扣其右手背不放，扭其右手腕关节，折其右臂肘关节，一举两得。（图4-72）

☆ 图4-72

拨草寻蛇

【实战举例】

1. 敌方趁我方不慎，右脚突进，左手抓扣我方右手，右手卡住我方咽喉。（图4-73）

2. 随即，我方急忙起左手擒抓敌方右腕，向右转身旋拧，致其右手疼痛失力，我方则解脱卡喉之危。（图4-74）

3. 动作不停，我方右手也去抓扣敌方右手，两手一齐缠拧，左肘顺势向右旋压敌方右肘；同时，左脚上步于敌方裆下，向右转身发劲，立可伤其右腕，致其跪地难动。（图4-75）

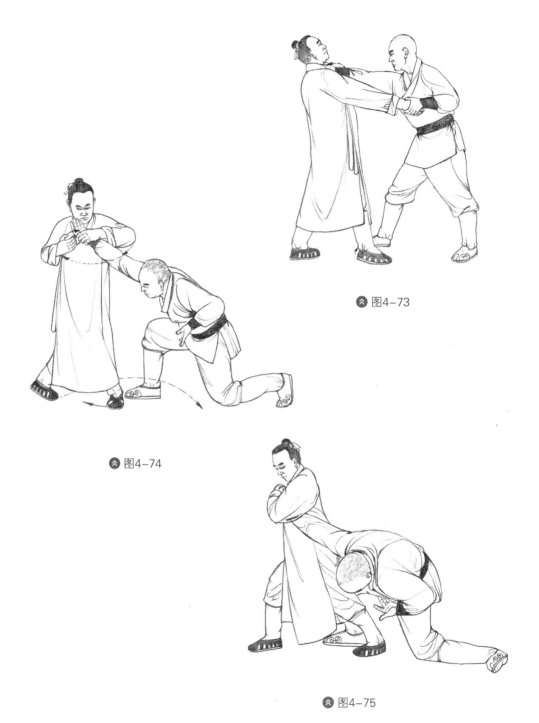

图4-73

图4-74

图4-75

灵官托印

七

【实战举例】

1. 敌方右脚上步，突然用右手来抓我方右手。（图4-76）

2. 随即，敌方向我方右侧缠压，欲伤我方右手。我方右脚急忙撤步，左脚上步，以卸其力；右手顺势下沉，使手腕平直，以免被扭；同时，五指用力握紧，先行反击，顶住敌劲。（图4-77）

◀ 图4-76

◀ 图4-77

3. 动作不停，我方左手上穿，抓缠敌方右腕，向外勾压；同时，右脚上步，右手反拿敌方右掌，向上托撬，伤其右手腕关节，将其擒拿。（图4-78）

图4-78

夫子留客

【实战举例】

1. 我方右脚上步，右掌插击敌方腹部。敌方撤步，右手扑抓我方右掌，紧紧扣握。（图4-79）

2. 随即，我方右手迅速坐腕翘掌，向上猛劲一兜，即可解脱；虎口顺势卡住敌方右手拇指，乘机反击。（图4-80）

3. 动作不停，我方右手五指握紧，向前旋扭，右脚上步助劲，即可致其右手拇指剧痛，迫使其跪地就擒。此招重则拇指必断，使用时注意把握力度。（图4-81）

图4-79

图4-80

图4-81

怀中抱月

【实战举例】

1. 敌方左脚上步，左拳勾击我方腹部。我方撤步，右手抄接敌方左拳。（图4-82）

2. 随即，我方左脚上步于敌方裆下；同时，向右转身，重心下沉，左臂向前兜夹敌方左臂，左腕向内勾压。（图4-83）

>> 图4-82

>> 图4-83

3. 动作不停，我方拧腰左旋，两脚摆扣；同时，左肘上翘，左腕勾提；右手下按，两手协同，扳折敌方左腕，致其剧痛失力，乖乖被擒。（图4-84）

图4-84

道士拜山

【实战举例】

1. 敌方趁我不慎，右脚突进，右手抓住我方头发，欲施擒拿。（图4-85）

2. 随即，我方急忙用两手抓按敌方右手，阻其用力拉扯。（图4-86）

3. 动作不停，我方向右转身，两脚摆扣；同时，两手按紧敌方右手向右用力旋拧，左臂顺势夹压敌方右肘，立可伤其手腕，迫使其松手，致其跪伏。（图4-87）

❯ 图4-85

❯ 图4-86

❯ 图4-87

玄武顾盼

【实战举例】

1. 敌方左脚上步，突然用左手抓住我方右腕。（图4-88）

2. 随即，我方急忙用左手抓按敌方左手；同时，右臂屈肘向后上方提起，右掌坐腕立起。（图4-89）

《 图4-88

《 图4-89

3. 动作不停，我方左脚稍撤，左手按紧；同时，右掌顺势向外缠搭敌方左腕，用劲向下盘扭，伤其关节，致其剧痛，跪地被擒。（图4-90）

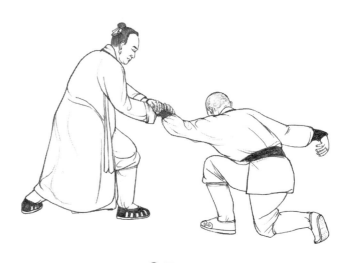

☆ 图4-90

十二

大蟒转身

【实战举例】

1. 敌方从我方身后突袭，伸出右手抓住我方头发，左掌前顶我方后背，将我方身体拉转，欲行摔跌。（图4-91）

2. 随即，我方右脚急忙撤步，向右转身，身体下蹲，稳定重心；同时，两手向上扣拿敌方右掌，牢牢按在头顶。（图4-92）

3. 动作不停，我方身体继续右转，头部右旋前顶，两手拧转，反折敌方右腕，致其剧痛，迫使其松手。（图4-93）

图4-91

图4-92

图4-93

十三

双蛇缠绵

【实战举例】

1. 敌方右脚上步，右掌推击我方脸部。我方撤步，避过敌方掌击；同时，右掌迎击，抵住敌方右掌心，用力相抗。（图4-94）

2. 随即，我方右手旋扣敌方右掌，向下拧拉；同时，两脚向前滑步，左手抓按敌方右肘，将敌方右臂反扭。（图4-95）

◈ 图4-94

◈ 图4-95

3. 接着，敌方欲行解脱，两脚换步，向左后方转身，左拳反背打向我方头部。我方见势，左掌前伸，拦截敌方左肘。（图4-96）

4. 动作不停，我方左臂顺势环抱敌方咽喉，用力向右拦压；同时，向右转身，两脚摆扣助劲，将其擒拿反制。（图4-97）

❯ 图4-96

❯ 图4-97

十四

并蒂青莲

【实战举例】

1. 敌方右脚上步，右掌戳击我方咽喉。我方撤步，避过敌方右掌，左手乘机向下擒抓其右掌。（图4-98）

2. 随即，我方两脚向前滑步；同时，右手掐住敌方右肘向内搬折，左手抓紧敌方右手向外搬折，致其被动。（图4-99）

» 图4-98

» 图4-99

3. 动作不停，我方右手上提，按住敌方右腕；同时，左臂顺势夹压敌方右肘弯，左手用力下折，伤其右腕，将其制伏。（图4-100）

❮ 图4-100

蛇缠龟首

【实战举例】

1. 敌方左脚上步，右拳盖打我方脸部。我方左手上拦，扑抓敌方右腕。（图4-101）

2. 随即，我方两脚向前滑步；同时，右手上穿，从敌方右臂外侧抓扣其右手。（图4-102）

3. 动作不停，我方右臂乘势兜夹敌方右肘，收紧以防其右臂滑脱；右手用力外搬，反折敌方右手，致其疼痛失力。（图4-103）

十五

❖ 图4-101

❖ 图4-102

❖ 图4-103

第四节 腿部擒拿手

腿部是人体的下肢，粗壮坚韧，习练者在使用腿部擒拿手时需要很大的力量才能成功，所以要多注意脚部或膝部打法的配合。

道君捆虎

【实战举例】

1. 敌方移步进身，左脚踹踢我方腹部。我方收步缩身，避过敌方腿击。（图4-104）

2. 随即，我方右脚落步，左脚上步；同时，两手抄抱敌方左腿，右肩顺势前扛其左脚，致其前仆。（图4-105）

图4-104

图4-105

3. 接着，我方右肩加力下别，俯身跪地，致敌方前趴；同时，两手乘机抓按敌方两脚，用力将其两腿屈膝叠起，使其右腿盘压其左腿。（图4-106）

4. 动作不停，我方立起身体，用左脚踩住敌方右脚背，将其控制在地。（图4-107）

图4-106

图4-107

赵公驯虎

【实战举例】

1. 敌方垫步，右脚低踹我方裆部。我方撤步蹲身，闪过敌方腿击；同时，右掌下格敌方右腿。（图4-108）

2. 随即，敌方右脚踹空，收步左跨。我方乘敌方变步立足未稳之际，右脚上步，俯身伸手，准备擒抓敌方左脚。（图4-109）

❯ 图4-108

❯ 图4-109

3. 接着，敌方提起左脚，左转摆踢我方头部。我方迅速将右脚后撤，向后闪让；同时，右手拦挡敌方左踝。（图4-110）

4. 动作不停，我方左手向上扑抓敌方左脚，右手旋抓敌方小腿。（图4-111）

5. 最后，我方右脚外摆，身体右转，两手扳住敌方左脚向外扭挫；同时，左脚踩击敌方右膝，伤其关节，将其擒制。（图4-112）

❖ 图4-110

❖ 图4-111

❖ 图4-112

偷梁换柱

【实战举例】

1. 敌方移步，向左旋身，右脚蹬击我方头部。我方向后滑步，避过敌方腿击；同时，左掌拦托敌方右小腿。（图4-113）

2. 随即，我方右脚向前上步，右臂屈肘抬起，向前夹抱敌方右小腿；同时，身体右拧，左手前撑，推按敌方右肋，致其失衡。（图4-114）

《 图4-113

《 图4-114

3. 接着，我方两脚摆扣，向左拧腰；同时，右手上抬敌方右小腿，用右肩向前扛顶；两手合力按压其右膝，致其后仰失力。（图4-115）

4. 动作不停，我方向左转身，两手抱压敌方右膝向外扭挫；同时，右脚踩击其左膝，伤其关节，致其摔跌。（图4-116）

>> 图4-115

>> 图4-116

倒拖犁耙

【实战举例】

1. 敌方移步进身，左脚蹬击我方胸部。我方向后闪步，右臂乘机向上兜夹敌方左脚；同时，向右转身，左肘向下圈压敌方左小腿，左腿后绊敌方右腿。（图4-117）

2. 动作不停，我方右手抓扣敌方右脚，左臂夹紧；向右转身，猛然旋劲，伤其腿筋，致其后倒。（图4-118）

❮ 图4-117

❮ 图4-118

薛公扛梁

【实战举例】

1. 敌方移步进身，左脚向我方脸部高蹬而来。我方蹲身闪过敌方腿击；同时，右臂屈肘上举，乘机搂托敌方右小腿，不让其回收。（图4-119）

2. 动作不停，我方左脚前移，重心下沉，向前俯身；左手从敌方裆下插入，搬住敌方右腿腘窝向后猛力勾拉；右手紧搂敌方左腿上顶助劲，致其躺地就擒。最后，再用左膝跪压敌方腹股沟或裆部，将其制伏。（图4-120、图4-121）

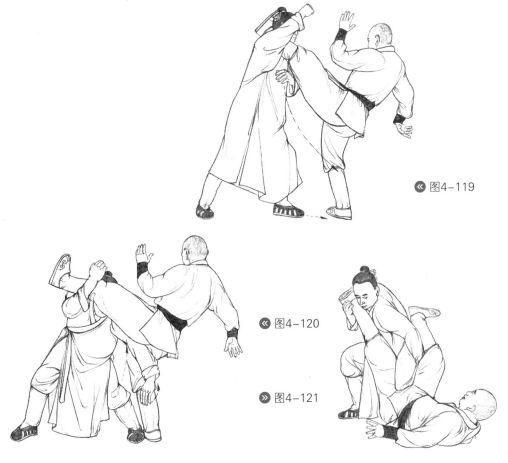

《 图4-119

《 图4-120

》 图4-121